Policy Debate

거버넌스 시대의 공공커뮤니케이션

정책토론

이연택 저

B (주)백산출판사

이 책은 '정책토론이란 무엇인가?'라는 질문으로부터 시작한다.

거버넌스 시대에 들어서면서 정책토론은 사회적 갈등을 해결하기 위한 사회적 소통기제로 인식되고 있다. 하지만 정작 정책토론에 대한 사회적 이해는 매우 부족한 것이 현실이다.

대학 강의에서도 정책커뮤니케이션 관련 수업을 통해 정책토론에 대한 학습이 이루어지고 있으나, 정책토론의 기본 개념을 놓쳐서 실패하는 경우가 많다. 흔히 정책토론을 자기주장 말하기 정도로 알고 있으며, 정책토론이 지닌 공공성, 즉 공공커뮤니케이션이라는 본질적 의미는 실종되고 있다.

이 책에서 저자는 구체적으로 두 가지 질문을 던지고 답을 찾으려 했다.

첫째, 정책토론은 어떠한 학문적 원리에 바탕을 두고 있는가?

이 질문과 관련하여 세부적으로는 도대체 어떤 이유에서 정책토론은 찬성과 반대의 대립구조를 갖고 토론해야 하는지, 정책토론에서 제시되는 주장의 정당화에는 어떤 사유방식이 적용된 것인지, 정책토론에서 이루어지는 커뮤니케이션은 어떠한 과정으로 이루어지는지에 대한 답을 구하고자 하였다. 그리고 그 원리를 변증법과 논증 그리고 수사학에서 찾았다.

둘째, 정책토론은 어떠한 형식의 커뮤니케이션 행위인가?

이 질문과 관련하여 세부적으로는 도대체 정책토론의 유형에는 어떠한 것이 있고, 어떠한 형식을 모델로 하고 있는지, 그리고 정책토론의 구조에서 찬성측과 반대측은 누구이고 그들은 어떠한 책임을 가졌는지, 양측의 대립구조에 기준이 되는 논제는 무엇인지, 정책토론은 어떻게 단계별로 구성되고 그 전략은 무엇인지, 정책토론에서 청중은 누구이고, 그들은 어떠한 역할을 하는지, 또한 심사는 무엇인지에 대한 답을 구하고자 하였다. 그리고 그 해답을 정책토론의 기본모형인 아카데믹 토론의 형식에서 찾았다.

이 책은 이렇게 질문하고 답을 구했으며, 그 결과를 모두 5부로 나누어 내용을 구성하였다.

먼저, 제1부에서는 정책토론의 기초를 다루었다. 정책토론의 공공성에 기초하여 공공커뮤니케이션의 관점에서 정책토론을 개념화하고 정책토론의 기본모형인 아카데믹 토론에 대해서 살펴보았다. 제

2부에서는 정책토론의 기본 원리를 다루었다. 정책토론의 구조와 구성 그리고 커뮤니케이션의 기본 원리를 변증법과 논증 그리고 수사학에서 찾아보았다. 제3부에서는 정책토론의 구조를 다루었다. 논제의 개념과 유형을 살펴보고, 정책토론의 행위자인 찬성측과 반대측의 개념과 책임을 정리했다. 제4부에서는 정책토론의 단계별 구성과 전략을 다루었다. 정책토론을 구성하는 입론, 교차조사, 반론에 대해 정리하고, 각 단계별 구성과 전략을 살펴보았다. 제5부에서는 정책토론과 커뮤니케이션에 대해서 다루었다. 주장을 전달하는 커뮤니케이션기술을 커뮤니케이션과정을 기준으로 하여 정리하였으며, 커뮤니케이션과정의 최종 수용자인 청중과 심사에 대해서 살펴보았다.

이 책에서는 정책토론의 기초 개념부터 실제 응용에 이르는 전 과정을 다루고 있다. 따라서 이 책은 대학에서 정책과정론, 정책커뮤니케이션론 등과 같은 정책 관련 수업에서 활용될 수 있을 것으로 기대되며, 정책과정에 참여하는 일반 시민들을 위한 교양서적으로 활용될 수 있을 것으로 기대된다. 또한 각종 정책토론대회를 준비하는 학생들에게 참고서적으로 활용될 수 있을 것으로 본다.

이 책을 집필하면서 가장 어려웠던 점은 용어를 정의하는 것이었다. 정책토론에서 사용하는 각종 용어에 대한 통일적 정의가 아직 마련되지 않은 상황이기 때문에 관련 저자 혹은 저서마다 독립적인 정의를 제시하는 경우가 많았다. 따라서 이를 통합하기가 쉽지 않았으나, 이 책에서는 정책커뮤니케이션의 관점에서 국제적인 정책토론연구소들이 제공하는 자료들을 참고하여 용어 정의를 제시하였다.

이 책을 준비하는 동안 여러 사람이 도움을 주었다. 우선 책을 준비하는 전 과정에 참여하며 도움을 준 오은비 박사의 수고가 컸다. 정책커뮤니케이션 수업에서 정책토론을 지도하며 의견을 함께 나눈 김경희 박사의 도움도 컸다. 책의 원고를 함께 검토해 준 야스모토 아츠코 박사, 대학원 박사과정의 김태형, 김진용, 그리고 송나영 조교도 많은 수고를 하였다. 모두에게 감사의 말을 전한다. 또한 이 책의 출판을 맡아주신 백산출판사 모든 분께도 감사의 말씀을 드린다.

끝으로, 비록 작은 시작이지만 이 책이 정책토론을 학습하는 많은 독자와 오랫동안 함께 만들어가는 공공커뮤니케이션 지식공유의 장이 되길 기대한다.

2018년 5월

저자 이연택

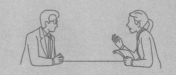

거버넌스 시대의 공공커뮤니케이션

정책토론

제 1 부

정책토론의 기초

1부에서는 정책토론의 기초에 대해서 다룬다. 거버넌스 시대에 들어서면서 정책토론은 사회문제를 해결하는 중요한 소통기제로 자리 잡아가고 있다. 그런 의미에서 정책토론은 이제 일반 국민이 반드시 학습해야 할 시민교양이라는 인식이 필요하다. 이를 위해 먼저 제1장에서는 정책토론의 개념에 대해서 논의하고, 제2장에서는 정책토론의 형식에 대해서 살펴본다.

제1장_ 정책토론의 개념
제2장_ 정책토론의 형식

거버넌스 시대의
공공커뮤니케이션 정책토론

정책토론의 개념

이 장에서는 정책토론의 개념에 대해서 알아본다. 정책토론은 일반적인 말하기 방식과 달리 경쟁적이고 절차적이며 쌍방향적인 커뮤니케이션 행위라는 특징을 지닌다. 특히 사회문제를 토론대상으로 한다는 점에서, 또한 공중을 설득대상으로 한다는 점에서 일반 토론과 구별된다. 한마디로, 정책토론은 공공커뮤니케이션을 특징으로 한다. 이 장에서는 왜 정책토론이 필요한지에 대해서 살펴보고, 정책토론의 개념과 유형에 대해서 차례대로 정리해 본다.

1. 왜 정책토론인가?

오늘날 우리는 함께 해결해야 할 복잡하고 어려운 문제들에 직면해 있다. 과거에는 경험하지 못했던 환경문제, 테러문제, 고령화문제, 고용문제, 에너지문제, 식량문제 등 다양한 영역의 사회문제들과 접하고 있다. 여기에 각종 이해관계집단의 목소리가 커지면서 문제의 복잡성을 더해준다. 이 같은 상황에서 문제해결을 위한 정부의 능력에는 한계가 있을 수밖에 없으며, 사회구성원들의 참여와 협력이 반드시 필요하다. 사회구성원들이 서로 의견을 교환하고 함께 숙의하는 과정이 요구된다. 이를 위해 필요한 사회적 기제가 바로 정책토론이다. 특히, 민관협력을 기반으로 하는 거버넌스governance 시대에 들어서면서 정책토론은 민주적 정책과정에서 반드시 거쳐야 할 필수적인 사회적 과정이 되고 있다.

돌이켜보면, 정책토론은 인류의 역사에서 사회적 소통수단으로 오랜 기간 자리 잡아왔다. 고대 그리스시대에는 아테네 시민들이 아고라에 모여 시민토론을 통해 서로의 의견을 교환하고 문제를 해결하였으며, 시민법정에서는 배심원제를 두고 재판 전에 시민들의 의견을 들었다. 이 시대에는 논변술이 강했던 소피스트들의 활동이 활발하였다. 이후 고대 로마시대에 들어서면서 원로원이 그 역할을 대신하였다. 시민을 대표하는 원로원 의원들이 함께 모여 논쟁을 벌였으며, 이러한 토론과정을 통해 법률을 제정하고 집정관을 선출하는 등의 국정업무를 수행하였다.

근대사회로 들어오면서 정책토론은 의회토론으로 뿌리를 내렸다. 영국 하원에서는 의회토론을 통한 입법과정이 일반화되었다. 17세기 의원내각제가 도입되면서부터 의회의 역할이 더욱 커졌으며, 이와 함께 토론의 기능도 강화되었다. 소위 의회토론을 통한 통치가 이루어지기 시작하였다. 이 같은 영국의 의회토론은 미국 정치에도 크게 영향을 미쳤다. 특히 대통령제를 기반으로 하는 미국에서는 정치토론의 형식으로 자리 잡아갔다. 그 대표적인 예가 링컨과 더글라스의 토론이다. 이들이 벌인 토론은 미국 정치토론의 전형으로 꼽힌다. 이후 1956년 대통령 후보 경선에서 후보자 간 TV정치토론이 처음으로 도입되었으며, 1960년 민주당의 존 F. 케네디 후보와 공화당의 리처드 닉슨 후보 간의 토론이 성사되면서 미국 특유의 TV정치토론의 시대가 본격적으로 열리게 되었다.

이제 정책토론은 또 다른 단계로 발전하고 있다. 고대 그리스시대의 시민토론, 로마시대의 원로원토론, 그리고 근대시대 영국의 의회토론을 거쳐 미국의 정치토론에 이르기까지 그동안 정책토론은 다양한 형태로 진화되어 왔다. 거버넌스 시대가 본격적으로 전개되면서 정책토론의 행위자가 일반국민으로 확대되고 있다. 국민토론으로의 확장이다. 국민 누구나가 토론자가 되고, 청중이 되어 사회문제를 함께 논의하는 공론의 장public sphere이 열리고 있다.

하지만 아쉽게도 정책토론에 대한 사회적 이해는 아직까지도 매우 부족한 실정이다. 정책토론을 단지 일부 전문가들이나 정치인들의 논쟁 정도로 생각하는 경우가 많다. 정책토론이 이른바 민주적 정책결정에 이르는 사회적 소통, 즉 공공커뮤니케이션public communication이라는 인식이 제대로 자리 잡지 못하고 있다. 그런 점에서 정책토론에 대한 올바른 이해가 필요하며, 더 나아가서 거버넌스 시대를 위한 시민교양으로서의 자리매김이 절실히 필요하다.

2. 정책토론의 개념

우리는 매일 누군가와 의사소통을 하며 살아간다. 일상의 작은 일에서부터 보다 큰 범위의 사회문제에 이르기까지 다양한 이야기들을 나눈다. 대화를 통해 정보를 공유하며 서로 의견을 교환한다. 예를 한번 들어보자.

나는 커피를 좋아한다.
나는 고양이를 키우고 싶다.
나는 자유무역주의를 지지한다.

자신이 가지고 있는 감정, 행동의도, 이념 등이 언어를 통해 전달되는 것을 알 수 있다. 특별히 어떠한 대상에 대해 가지는 생각을 의견opinion이라고 한다. 그런데 세상을 살아가다 보면, 늘 같은 의견을 가진 사람들만 만나는 것은 아니다. 아주 작은 일에서도 서로 의견이 다른 경우를 흔히 경험한다. 이러한 경우를 한번 상정해보자.

| 친구 A | 나는 영화를 보고 싶어. |
| 친구 B | 그래? 나는 야구장에 가고 싶은데. |

이들은 각기 다른 의견을 갖고 있는 것을 알 수 있다. 사소한 일이지만, 이들은 의견충돌 opinion clash 을 경험하고 있다. 그러면 과연 이들은 어떻게 의견충돌을 해결해야 할까?

여러 가지 방법이 있겠지만, 의견충돌을 해결하기 위한 최선의 방법은 역시 말하기를 통한 커뮤니케이션이다. 커뮤니케이션 communication 은 서로 의견을 교환하는 총체적인 의사소통활동을 말한다. 의견을 말이나 글로 표현하는 언어적 요소뿐만 아니라, 동작이나 표정과 같은 비언어적 요소를 사용하여 커뮤니케이션이 이루어진다. 그 대표적인 말하기 유형이 토론이다.

토론은 일반적인 대화와는 다르다. 토론을 하기 위해서는 몇 가지 형식을 갖추어야 한다. 형식을 갖추어 말하는 것이 다소 생소할 수 있으나, 합리적으로 문제를 해결하기 위해 필요한 조건이다. 우선, 토론을 위해서는 논제를 설정해야 한다. 앞의 예를 들면 먼저 의견을 제안했던 친구 A의 의견을 논제로 정한다. 즉 "영화를 보러 가자"가 논제가 된다. 다음으로, 두 사람은 찬성과 반대 양편으로 나뉘어 상대방을 설득하기 위한 각자의 주장을 제시해야 한다. 또한 말하는 순서를 미리 정해야 한다. 그래야만 공정하게 주장제시가 이루어질 수 있다.

정리하면, 토론^{debate}은 말하기의 한 유형으로서 '어떠한 논제에 대하여 발언자가 찬성과 반대 양측으로 나뉘어 상대방을 설득하기 위해 절차에 따라 경쟁적으로 자기주장을 제시하는 커뮤니케이션 행위'라고 할 수 있다.

한편, 이 같은 토론과 유사한 말하기 유형으로 토의, 논쟁, 웅변 등이 있다. 하지만 이들의 구분이 명확하지 않아서 때로는 많은 혼란을 주는 것이 사실이다. 이들을 비교해 보면 다음과 같다.

먼저, 토론과 토의^{discussion}를 비교해 보면, 토론에서는 상대방을 설득하기 위해 서로 자기주장을 제시하는 경쟁적 커뮤니케이션이 이루어지는 반면에, 토의에서는 함께 문제를 풀어가는 협력적 커뮤니케이션이 이루어진다는 특징이 있다. 그러므로 토론의 결과가 승패라면, 토의의 결과는 타협이라고 할 수 있다. 일상에서 흔히 볼 수 있는 가족회의, 직장회의, 학생회의 등이 토의형식으로 이루어진다.

다음으로, 토론과 논쟁^{argument}을 비교해 보면, 토론에서는 나름대로 일정한 규칙을 만들어놓고 발언자가 서로 자기주장을 제시하는 절차적 커뮤니케이션이 이루어지는 반면에, 논쟁에서는 발언자가 일정한 규칙 없이 서로 자기주장을 제시하는 비절차적 커뮤니케이션이 이루어진다. 마치 말싸움을 하듯이 다투는 갈등적 말하기라는 특징이 있다.

다음으로, 토론과 웅변 oratory을 비교해 보면, 토론에서는 발언자가 상대방을 설득하기 위해 자기주장을 제시하는 쌍방향적 커뮤니케이션이 이루어진다는 특징이 있다. 반면에, 웅변은 발언자가 청중을 대상으로 자기주장을 제시하는 일방향적 커뮤니케이션이 이루어진다. 특히 웅변은 고대 그리스시대에 발달한 말하기 방법으로 선동적인 표현이 주로 사용된다는 점에서 특징이 있다.

여기서 정책토론은 이러한 특징들이 그대로 반영된 토론의 일종이다. 다만, 정책이라는 용어가 덧붙여지면서 일반 토론과는 다른 공공성 publicness이 부가된다. 이를 정리하면 다음과 같다.

첫째, 정책토론은 일반 토론과 달리 사회문제를 대상으로 하는 커뮤니케이션 행위이다. 정책토론은 일상생활 속의 개인적인 문제를 다루는 것이 아니라 공공문제, 즉 공적 영역의 사회문제를 논제로 다룬다. 정책 policy은 '사회문제를 해결하기 위해 정부가 선택한 행동'을 말한다. 따라서 정책토론은 사회문제 해결을 목적으로 한다는 점에서 고유성을 갖는다.

둘째, 정책토론은 일반 토론과 달리 공중을 대상으로 하는 커뮤니케이션 행위이다. 일반 토론은 각자 자기주장을 제시함으로써 상대방을 설득하는 데 목적을 둔다. 하지만 정책토론은 쌍방향적 대화의 형태를 지니지만 개별적 상대방이 아닌 집단적 청중을 설득대상으로 한다는 점에서 고유성을 갖는다.

종합하면, 정책토론policy debate은 말하기의 한 유형으로서 '특정한 사회문제에 대하여 발언자가 찬성과 반대 양측으로 나뉘어 절차에 따라 경쟁적으로 자기주장을 제시함으로써 청중의 지지를 확보하기 위한 커뮤니케이션 행위'라고 할 수 있다. 한마디로, 정책토론은 말하기를 통한 공공커뮤니케이션이라는 특징을 지닌다.

3. 정책토론의 유형

정책토론은 크게 두 가지 유형으로 구분된다. 하나는 아카데믹 토론academic debate이며, 다른 하나는 응용토론applied debate이다. 아카데믹 토론은 정책토론을 학습하기 위한 목적으로 이루어지는 엄격한 형식을 갖춘 토론형태를 말한다. 각종 정책토론대회들이 아카데믹 토론에 해당된다. 반면에 응용토론은 아카데믹 토론의 기본 형식을 적용하여 실제 현장에서 이루어지는 토론형태를 말한다. 매체에 따라, 청중에 따라, 목적에 따라 다양한 형태의 정책토론이 이루어진다. 응용토론의 대표적인 예는 다음과 같다.

먼저, TV정책토론TV policy debate을 들 수 있다. TV정책토론은 TV라는 대중매체를 통해 주로 전문가 간에 이루어지는 정책토론의 형태이다. 프로그램 명칭에서 정책토론이라는 용어가 그대로 사용되는 경우도 있으나, 시사토론, 정책포커스, 정책포럼 등과 같이 시청자에게 쉽게 어필할 수 있는 제목이 사용될 때가 많다. TV정책토론에서는 아카데믹 토론의 엄격한 형식이 그대로 적용되지는 않으며, 사회자가 상황에 맞춰 토론을 진행한다. 그러므로 사회자의 역할이 매우 중요하다고 할 수 있다.

다음으로, 공청회public hearing를 들 수 있다. 공청회는 정책현안 문제를 논제로 하고 정책대안을 지지하는 측과 반대하는 측의 전문가들이 참석하여 정책대상집단의 지지를 얻기 위해 각자 자기주장을 제시하는 정책토론의 형태이다. 공청회의 진행은 어느 정도 정해진 규칙과 절차를 따르는 경우가 많다. 공청회에는 정책현안문제와 관련된 이해관계자들이 주로 참석하며, 진행과정에서 방청인들에게 발언권이나 질문권이 주어지기도 한다.

다음으로, 정치토론political debate을 들 수 있다. 정치토론은 유권자의 지지를 얻기 위해 입후보자 간에 이루어지는 정책토론의 형태이다. 선거를 목적으로 이루어지는 정책토론의 유형이다. 정치토론에는 비교적 엄격한 형식이 적용되며, 사전에 선거입후보자 간에 협의를 거쳐 진행절차를 확정하는 것이 일반적이다. 정치토론에서 정책 현안문제는 물론 향후 문제해결방안까지 다양한 정책 문제들이 다루어진다. 정치토론에서는 진행의 역동성을 부각시키기 위해 부분적으로 난상토론, 즉 논쟁의 요소가 추가되기도 하고, 분야별 전문가들이 참가하여 후보자들에게 질문하는 순서가 포함되기도 한다.

이외에도 다양한 형태의 정책토론이 이루어지고 있으며, 최근에는 e-타운홀미팅과 같이 인터넷을 통한 온라인정책토론online policy debate이 활성화되고 있다.

제2장

정책토론의 형식

이 장에서는 정책토론의 형식에 대해서 알아본다. 앞 장에서 기술하였듯이, 정책토론에는 아카데믹 토론과 응용토론이 있다. 아카데믹 토론은 학습목적으로 이루어지며, 실제 현장에서 이루어지는 응용토론을 위한 기본적인 토론형식debate format 을 제공한다. 이 장에서는 아카데믹 토론의 대표적 유형인 교차조사식 토론, 칼포퍼식 토론, 의회식 토론의 형식에 대해 차례로 정리해 본다.

1. 교차조사식 토론

교차조사식 토론은 아카데믹 토론의 전형적인 토론모형이다. 대부분의 미국 대학 정책토론대회가 교차조사식 토론을 채택하고 있으며, 우리나라에서도 교차조사식 토론대회가 가장 많이 열리고 있다.

교차조사식 토론은 1971년 미국 교차조사식토론협회CEDA: Cross Examination Debate Association에 의해 개발된 토론모형이며, 동 협회의 명칭에 따라 교차조사식 토론CEDA Debate으로 명명되었다. 교차조사식 토론은 이후 미국 대학정책토론대회Intercollegiate Policy Debate Tournament의 기본 형식으로 채택되어 정책토론의 구조, 구성, 절차 등을 지원하였다.

교차조사식 토론의 기본 형식을 살펴보면, 우선 토론의 구조는 발언자가 찬성과 반대 양측으로 구분된다. 또한 각 측은 2인 1팀으로 구성된다. 토론의 진행은 입론, 교차조사, 반론의 세 단계로 이루어지며, 입론과 교차조사가 양측 발언자 간에 차례대로 진행된 후에 반론이 진행된다.

구체적인 진행절차를 정리해 보면, 표2-1 에서 보듯이 토론은 모두 12라운드로 구성되며, 찬성측 첫 번째 발언자의 입론을 첫 번째 순서로 하며 이어서 반대측 두 번째 발언자의 교차조사가 이루어진다. 이와 같은 방식으로 양측의 입론과 교차조사가 각각 4회씩 순서대로 진행된다. 마지막 단계에서는 찬반 양측의 반론이 이루어지며, 찬성측 두 번째 발언자의 반론으로 토론이 마무리된다. 각 순서별 발언시간은 미국 교차조사식토론협회의 표준시간이 적용되며, 필요에 따라 약간의 조정이 이루어진다. 또한 본 순서 외에 각 팀별로 10분간의 숙의시간을 둘 수 있다. 발언순서와 발언시간

이 미리 정해지기 때문에 사회자는 두지 않으며, 시간을 관리하는
진행요원은 둘 수 있다.

〈표 2-1〉 **교차조사식 토론의 진행순서**

순 번	구 분	발언시간(표준시간)
1	찬성측 첫 번째 발언자 입론(찬1입)	9분
2	반대측 두 번째 발언자 교차조사(반2교)	3분
3	반대측 첫 번째 발언자 입론(반1입)	9분
4	찬성측 첫 번째 발언자 교차조사(찬1교)	3분
5	찬성측 두 번째 발언자 입론(찬2입)	9분
6	반대측 첫 번째 발언자 교차조사(반1교)	3분
7	반대측 두 번째 발언자 입론(반2입)	9분
8	찬성측 두 번째 발언자 교차조사(찬2교)	3분
9	반대측 첫 번째 발언자 반론(반1반)	6분
10	찬성측 첫 번째 발언자 반론(찬1반)	6분
11	반대측 두 번째 발언자 반론(반2반)	6분
12	찬성측 두 번째 발언자 반론(찬2반)	6분
	숙의시간 팀당 10분	
	총 소요시간	**92분**

　전체적인 구성을 살펴보면, 논제를 지지하는 찬성측이 토론의
첫 번째 순서와 마지막 순서를 맡게 되어 일면 찬성측이 토론진행
에서 유리한 입장에 있는 것으로 보일 수 있다. 하지만 반대측도
일곱 번째 순서의 입론과 아홉 번째 순서의 반론이 연이어 제공되
어 집중 발언기회를 가질 수 있다는 점에서 찬반 양측 간의 균형이
맞추어진다. 참고로, 이처럼 반대측에게 주어진 연속적인 발언기
회를 반대측 블록negative block이라고 한다.

정리하면, 교차조사식 토론은 합리적 토론형식이라는 특징을 지닌다. 입론-교차조사-반론의 단계가 체계적으로 결합되어 있다. 또한 찬반 양측이 균등한 기회를 가지며, 미리 정해진 순서에 따라 토론이 철저하게 순차적으로 진행된다. 특히 교차조사를 통해 상대방의 입론에 대한 확인 및 검증이 가능하다는 점이 장점으로 꼽힌다.

2. 칼 포퍼식 토론

칼 포퍼식 토론Karl Popper Debate은 1994년 미국 열린사회연구소 Open Society Institute가 개발한 토론모형이다. 열린사회연구소는 오스트리아 태생의 영국 철학자 칼 포퍼의 업적을 연구하는 기관이며, 칼 포퍼Karl Popper의 비판적 합리주의를 토론방법에 반영하여 기본 형식을 완성하였다.

칼 포퍼는 비판적 합리주의critical rationalism의 입장에서 새로운 과학관을 제시하였다. 그는 한편으로는 지식의 절대적 확실성을 주장하는 독단주의를 거부하였으며, 또 다른 한편으로는 확실한 지식은 존재하지 않으며 지식은 단지 상대적일 뿐이라는 상대주의도 거부하였다. 그는 독단주의와 상대주의 중간에서 비판정신에 기초한 반증주의 원리를 통해 합리적 지식에 도달할 수 있다고 주장하였다. 즉 지식은 비판의 대상이며, 동시에 지식은 비판을 통해 새로운 지식으로 진보한다는 것이 그의 입장이다.

칼 포퍼식 토론의 기본 형식을 살펴보면, 우선 토론의 구조는 발언자가 찬성과 반대 양측으로 구분된다. 또한 각 측은 3인 1팀으로 구성된다. 토론의 진행은 입론, 질문, 반론의 세 단계로 이루어지며, 입론이 2회, 반론이 4회로 구성된다. 이때 질문은 교차조사식 토론의 교차조사와 유사하다.

구체적인 진행절차를 정리해 보면, 표 2-2 에서 보듯이 토론은 모두 10라운드로 구성되며, 찬성측 첫 번째 발언자의 입론을 첫 번째 순서로 하여 반대측 세 번째 발언자의 질문이 이어진다. 다음으로 반대측 첫 번째 발언자의 입론과 찬성측 세 번째 발언자의 질문이 이어진다. 이후 반론과 질문이 순서대로 진행되며, 마지막 단계에서 찬성측 세 번째 발언자와 반대측 세 번째 발언자의 반론으로 토론이 마무리된다. 한편, 양측의 두 번째 발언자는 각각 1회의 반론 기회만이 주어진다. 그러므로 두 번째 발언자는 각 팀에서 상대방의 주장을 잘 듣고 검증하며 반박을 지원하는 역할을 맡는다. 각 순서별 발언시간은 칼 포퍼식 토론의 표준시간이 적용되며, 필요에 따라 약간의 조정이 이루어진다. 또한 본 순서 외에 각 팀별로 5분간의 숙의시간을 둘 수 있다. 발언순서와 발언시간이 미리 정해지기 때문에 사회자는 두지 않으며, 시간을 관리하는 진행요원은 둘 수 있다.

<표 2-2> **칼 포퍼식 토론의 진행순서**

순 번	구 분	발언시간(표준시간)
1	찬성측 첫 번째 발언자 입론(찬1입)	6분
2	반대측 세 번째 발언자 질문(반3질)	3분
3	반대측 첫 번째 발언자 입론(반1입)	6분
4	찬성측 세 번째 발언자 질문(찬3질)	3분
5	찬성측 두 번째 발언자 반론(찬2반)	5분
6	반대측 첫 번째 발언자 질문(반1질)	3분
7	반대측 두 번째 발언자 반론(반2반)	5분
8	찬성측 첫 번째 발언자 질문(찬1질)	3분
9	찬성측 세 번째 발언자 반론(찬3반)	5분
10	반대측 세 번째 발언자 반론(반3반)	5분
숙의시간 팀당 5분 **총 소요시간**		**54분**

전체적인 구성을 살펴보면, 칼 포퍼식 토론은 교차조사식 토론과 달리 찬성측이 토론의 첫 번째 순서를 맡고, 반대측이 마지막 순서를 맡으면서 토론의 형식적 균형을 맞추고 있다. 또한 순서의 구성에서는 교차조사식 토론과 달리 입론보다 반론의 횟수가 두 배 많다.

정리하면, 칼 포퍼식 토론은 비판적 토론형식이라는 특징을 지닌다. 교차조사식 토론과 마찬가지로 찬반 양측이 균등한 기회를 가지며, 토론진행이 철저하게 순차적으로 이루어진다. 차이점으로는 토론과정에서 입론보다 반론의 비중이 크다는 점을 들 수 있다. 이를 통해 비판적 경쟁을 강화한다는 점이 장점으로 꼽힌다.

3. 의회식 토론

의회식 토론Parliamentary Debate은 영국 의회의 전통적인 토론절차가 그대로 반영된 토론모형이다. 의회식 토론은 1982년에 설립된 '미국의회토론협회'American Parliamentary Debate Association를 통해 토론대회형식으로 채택되었으며, 이후 1991년 미국 국가의회토론협회National Parliamentary Debate Association가 발족하면서 더욱 확산되기 시작하였다.

의회식 토론의 기본 형식을 살펴보면, 우선 토론의 구조는 발언자가 찬성과 반대 양측으로 구분된다. 또한 각 측은 2인 1팀으로 구성된다. 전통적인 의회절차를 반영하여 찬성측을 정부Government, 반대측을 야당Opposition으로 부르기도 한다. 토론의 진행은 입론과 반론의 두 단계로 이루어지며, 교차조사나 질문의 순서는 포함되지 않는다.

구체적인 진행절차를 정리해 보면, 표 2-3 에서 보듯이 토론은 모두 6라운드로 구성되며, 찬성측 첫 번째 발언자 입론이 첫 번째 순서이다. 찬성측 첫 번째 발언자를 수상Prime Minister이라고도 부른다. 다음으로 반대측 첫 번째 발언자 입론이 이루어진다. 반대측 첫 번째 발언자를 야당 당수Opposition Leader라고도 부른다. 이후 두 번의 입론이 추가로 이루어지고, 마지막 단계에서 반대측 첫 번째 발언자(야당 당수) 반론과 찬성측 첫 번째 발언자(수상) 반론으로 마무리된다. 교차조사식 토론과 마찬가지로 반대측 블록negative block이 주어지는 대신에 찬성측에게는 마지막 반론 순서가 주어진다. 각 순서별 발언시간은 의회식 토론의 표준시간이 적용되며, 필요에 따라 약간의 조정이 이루어진다. 본 순서 외에 숙의시간은 제공되지 않는다. 발언순서와 발언시간이 미리 정해지기 때문에 사회자는 두지 않으며, 시간을 관리하는 진행요원은 둘 수 있다.

〈표 2-3〉 의회식 토론의 진행순서

순 번	구 분	발언시간(표준시간)
1	찬성측 첫 번째 발언자 입론(찬1입)	7분
2	반대측 첫 번째 발언자 입론(반1입)	7분
3	찬성측 두 번째 발언자 입론(찬2입)	7분
4	반대측 두 번째 발언자 입론(반2입)	7분
5	반대측 첫 번째 발언자 반론(반1반)	5분
6	찬성측 첫 번째 발언자 반론(찬1반)	5분
총 소요시간		38분

전체적인 구성을 살펴보면, 의회식 토론에서는 교차조사나 질문이 별도로 정해져 있지 않으며, 대신에 이의제기권POI: Point Of Information이 제공된다. POI는 양측이 입론하는 시간 내에 허락되며, 매 입론 앞부분의 1분과 뒷부분의 1분을 제외한 나머지 시간에 허용된다. 이렇게 제외된 시간을 보호시간protected time이라고 한다. 이의제기권을 요구할 때는 'POI' 혹은 'On that point'(그 점에 대하여)라고 구호를 외치며 자리에서 일어선다. 하지만 이의제기

권의 수락여부는 입론발언자가 갖는다.

정리하면, 의회식 토론은 정치적 토론형식이라는 특징을 지닌다. 앞서 소개한 교차조사식 토론이나 칼 포퍼식 토론과의 차이점으로는 이의제기권이 제공된다는 점이다. 또한 반론보다는 입론의 비중이 크다는 점을 들 수 있다. 그러므로 발언자가 자기주장을 논리적으로 제기할 수 있는 시간이 충분히 주어진다는 점이 장점으로 꼽힌다.

제 2부

정책토론의 기본 원리

2부에서는 정책토론의 기본 원리에 대해서 알아본다. 앞에서 살펴본 바와 같이 정책토론은 특정한 사회문제에 대하여 찬반 양측이 대립하며 자기주장의 정당성을 제기함으로써 청중의 지지를 확보하려는 커뮤니케이션 행위이다. 한마디로, 형식을 기반으로 하는 설득적 커뮤니케이션이라고 할 수 있다. 이러한 정책토론에는 변증법, 논증 그리고 수사학의 세 가지 기본 원리가 작동한다. 변증법의 대립구조가 정책토론의 찬반구조에 적용되며, 논증모형이 정책토론의 입증모형에 적용된다. 또한 수사학의 설득기술이 정책토론의 커뮤니케이션기술에 적용된다.

거버넌스 시대의
공공커뮤니케이션 정책토론

제3장

변증법

이 장에서는 변증법에 대해서 알아본다. 변증법은 주어진 명제의 모순을 밝혀내고 이에 대립하는 반명제를 제시함으로써 결론을 도출하는 사유방식이다. 즉 모순과 대립을 기본 원리로 한다. 그러므로 논리적 형식을 강조하는 연역적 추론이나 귀납적 추론과는 다르다. 그런 의미에서 형식논리학을 무모순의 논리학이라고 하며, 변증법적 논리학을 모순의 논리학이라고 한다. 이 장에서는 먼저 변증법의 개념을 정의해 보고, 변증법의 원리를 살펴본다. 이어서 정책토론의 비판적 사고와 찬반구조에 대해 각각 정리해 본다.

1. 변증법의 개념

논리학은 오래된 학문이다. 그러므로 논리학을 다루는 것이 다소 진부하게 느껴질 수도 있다. 하지만 오늘날 우리의 모든 지적 사유활동이 논리학에 그 기초를 두고 있다는 점을 생각해 보면 한 번쯤은 반드시 짚고 넘어갈 필요가 있다.

논리학Logic은 철학의 하위분과 학문이다. 철학Philosophy은 인간과 세계에 대한 근본적인 문제를 성찰적으로 탐구하는 학문이다. 존재론, 인식론, 가치론, 논리학 등이 주요 영역이며, 이 가운데 논리학은 인간의 사유활동에 대한 기본원리를 연구하는 학문을 말한다. 그런 의미에서 논리학은 곧 사유에 대한 학문이라고 할 수 있다.

논리학은 여러 유형으로 구분된다. 그중에서 대표적인 것이 형식논리학Formal Logic이다. 형식논리학은 전통적인 논리학으로 체계적인 사유활동을 연구한다. 또 다른 유형으로 들 수 있는 것이 변증법적 논리학Dialectic Logic이다. 변증법적 논리학은 모순과 대립의 원리에 바탕을 둔 사유활동을 연구한다.

형식논리학에서는 개념, 판단, 추론을 기본적인 사고 단위로 본다. 먼저, 개념concept은 어떠한 대상의 공통된 속성을 반영하여 그 의미를 추상화하는 사고작용을 말한다. 이를 언어적으로 표현한 것을 용어라고 하며, 문법적으로는 명사에 해당된다. 다음으로 판단judgement은 어떠한 대상을 인식하고 판정하는 사고작용을 말한다. 이를 언어적으로 표현한 것을 명제라고 하며, 문법적으로는 문장에 해당된다. 추론inference은 이미 알려진 판단(명제)에 근거하여 다른 판단(명제)을 도출하는 사고작용이다. 추론에는 연역적 추론과 귀납적 추론이 있다. 연역적 추론deductive inference은 일반적인 판단(명제)으로부터 특정한 판단(명제)을 도출하는 사유방식이다. 잘 알려진 삼단논법이 여기에 해당된다. 삼단논법syllogism은 대전제–소전제–결론의 세 단계를 거쳐 최종적인 판단(명제)에 도달하는 사유방식이다. 이때 대전제는 이론이나 법칙과 같이 이미 알려진 일반명제를 말하며, 소전제는 사실적 근거를 제공하는 특정명제를 말한다. 결론은 이 두 전제로부터 도출된 최종적인 명제를 말한다. 이에 반해 귀납적 추론inductive inference은 개별명제들로부터 일반명제를 도출하는 사유방식이다.

여기서 삼단논법의 예를 한번 들어보자. 아래에서 보듯이 '인간은 사회적 동물이다'가 대전제, 즉 일반명제로 제시되며, '아리스토텔레스는 인간이다'가 소전제, 즉 특정명제로 제시된다. 이 두 전제로부터 '아리스토텔레스는 사회적 동물이다'라는 최종적인 판단, 즉 결론이 도출된다.

대전제   인간은 사회적 동물이다.

소전제   아리스토텔레스는 인간이다.

결론   아리스토텔레스는 사회적 동물이다.

한편, 변증법적 논리학은 연역적 추론과 귀납적 추론을 사유방식으로 하는 형식논리학과 달리 변증법을 사유방식으로 한다. 변증법은 사유의 형식보다는 사유의 내용에 초점을 맞춘다. 변증법은 주어진 명제의 모순을 밝혀내고 이에 대립하는 명제를 제시함으로써 결론에 도달하는 사유방식이다. 즉 모순과 대립을 기본 원리로 한다. 그런 의미에서 사유의 내용이 지닌 모순을 보지 않고 최종적인 결론에 도달하는 형식논리학을 무모순의 논리학이라고 하며, 이와는 반대로 사유의 내용이 지닌 모순을 밝혀내고 이에 대립하는 과정을 거쳐 결론을 도출하는 변증법적 논리학을 모순의 논리학이라고 부른다.

변증법의 역사를 살펴보면, 그 기원은 고대 그리스 철학에까지 거슬러 올라간다. 소크라테스는 질문과 대답으로 이루어지는 문답법을 통해 지식을 생산하였다. 문답법은 진리에 대한 의문으로부터 새로운 진리에 도달하는 방식이라고 할 수 있다. 소위 산파술이다. 이후 그의 제자 플라톤에 의해서 문답법은 비로소 철학적 사유방식의 하나로 자리 잡게 되었다. 플라톤은 문답법을 내면화된 진리 탐구의 방법으로 계승하였다.

이후 19세기 초 독일의 철학자 헤겔에 의해 변증법의 논리적 체계가 정립되었다. 헤겔은 사유방식을 모순과 대립의 원리에 기초하여 정-반-합의 세 단계로 구성하였으며, 이 과정이 지속적으로 전개되면서 궁극적인 진리에 도달하는 것으로 보았다. 이에 앞서 18세기에 칸트도 변증법을 다루었으나, 그는 변증법을 하나의 사유방식으로 생각하기보다는 순수이성이 범할 수 있는 모순을 비판하는 하나의 기술로 보았다. 이후 변증법은 마르크스와 레닌에 의해 논리학의 영역을 넘어서서 현실세계를 설명하는 사회이론으로까지 발전하였다.

정리하면, 변증법Dialectic은 '모순과 대립의 원리에 기초하여 정-반-합의 세 단계를 거쳐 결론적인 명제를 도출하는 사유방식'으로 정의된다.

2. 변증법의 원리

앞서 언급한 바와 같이 변증법은 사유방식을 정-반-합의 세 단계로 설명한다. 이를 단계별로 살펴보면 다음과 같다.

첫 번째 단계는 정명제thesis의 단계이다. 정명제의 단계는 어떠한 명제가 진리로 정립된 상태이다. 하지만 정명제가 완전한 것은 아니다. 그러므로 엄밀하게 말해 정명제의 단계에서 정명제는 모순을 포함하고 있으나 모순이 드러나지는 않은 상태라고 할 수 있다.

두 번째 단계는 반명제antithesis의 단계이다. 반명제의 단계는 정명제가 지닌 모순이 드러난 상태이다. 정명제와 대립되는 명제이다. 반명제의 단계에서 반명제는 단지 정명제의 모순을 밝혀내는 것뿐만 아니라 반명제를 통해 정명제를 부정하는 상태라고 할 수 있다.

세 번째 단계는 합명제synthesis의 단계이다. 합명제의 단계는 정명제와 반명제가 종합되는 상태이다. 이 단계에서는 정명제가 지닌 모순이 드러나고 반명제와의 대립이 일어나면서 질적인 변화가 일어난다. 이 질적인 변화가 곧 합명제이다. 합명제의 단계에서는 정명제와 반명제가 대립적인 상태로 머무는 것이 아니라 결점을 털어내고 새롭게 종합되어 합명제가 도출된다. 이 과정이 지속적으로 반복되면서 궁극적인 진리에 도달하게 된다.

예를 한번 들어보자. "인간은 사회적 동물이다"라는 정명제가 설정되었다고 가정하자. 인간은 단독자로 존재하기보다는 크고 작은 집단을 만들고 사회적 관계를 형성하며 존재한다는 입장이다. 가족, 친구, 동아리, 지역사회, 국가 등 모든 종류의 사회집단들이 이를 반영한다. 하지만 최근 정보기술이 발달하면서 인간은 집단적 활동보다는 개별적 활동이 많아지는 현상을 보여준다. 1인 가족, 1인 기업 등 각종 신조어들이 이를 반영하고 있다. 즉 제시된 정명제가 반드시 옳은 것은 아니라는 주장이 제기된다. 이에 따라 반명제로 "인간은 개별적 동물이다"가 제기된다. 이렇게 두 명제가 대립하면서 어떠한 명제도 완전한 진리는 아니라는 점에 합의가 이루어지고 "인간은 사회적 동물인 동시에 개별적 동물이다"라는 합명제에 도달하게 된다. 물론 이 합명제도 완전한 진리의 상태는 아니다.

정명제	인간은 사회적 동물이다.
반명제	인간은 개별적 동물이다.
합명제	인간은 사회적 동물인 동시에 개별적 동물이다.

정리하면, 변증법의 원리는 크게 두 가지로 압축된다.

첫째, 모순의 원리이다. 변증법은 모순의 발견을 기본 원리로 한다. 주어진 명제에 대해 합리적 의심을 갖고 모순을 발견하는 사유방식을 의미한다. 이는 형식논리학과는 구별되는 사유방식이다. 형식논리학이 사유의 형식에 초점을 맞추는 것과는 달리 변증법은 사유의 내용에 초점을 맞춘다는 점에 특징이 있다. 변증법이 지닌 이러한 모순의 원리가 정책토론의 비판적 사고에 적용된다.

둘째, 대립의 원리이다. 변증법은 대립적 구조를 기본 원리로 한다. 정명제는 반명제와 대립하고 이들이 결합함으로써 합명제가 도출된다. 하지만 이렇게 도달된 합명제도 또다시 반명제가 제기되면서 또 다른 합명제에 이르게 된다. 변증법은 이처럼 사유방식을 대립적 구조의 지속적인 전개과정으로 본다는 점에 특징이 있다. 변증법이 지닌 이러한 대립의 원리가 정책토론의 찬반 구조에 적용된다.

3. 변증법과 정책토론의 비판적 사고

변증법에서는 사유의 전개가 정명제가 지니는 모순의 발견으로부터 시작된다. 정명제가 지닌 모순을 밝혀내고 이에 대립하는 반명제가 제시된다. 이러한 사유의 전개가 정책토론의 사유방법으로 적용되어 우리가 정책토론 학습에서 강조하는 비판적 사고로 연결된다.

정책토론에서 비판적 사고critical thinking는 칼 포퍼Karl Popper의 비판적 합리주의critical rationalism를 기반으로 하고 있다. 칼 포퍼는 과학적 연구를 위한 사유활동으로 비판정신을 강조하였다. 비판정신은 모든 지식이 절대적이라는 점에 동의하지 않으며, 지식의 오류 가능성을 인정한다. 또한 이를 판단하는 사고작용을 이성적 판단뿐만 아니라 감각적 판단으로까지 확장하며 경험적 검증의 중요성을 강조한다. 다시 말해 사고작용에서 논리적 입증과 경험적 검증을 동시에 중시한다.

이러한 비판적 사고가 정책토론에 그대로 적용된다. 찬반 양측은 자기주장의 정당성을 제시하면서 상대방 주장의 부당성을 비판한다. 토론자는 단순히 비판을 위한 비판이 아니라, 비판적 사고를 통해 상대방의 주장이 지닌 모순을 발견하고, 이에 대립하는 반대 주장을 제시해야 한다. 비판의 대상은 주장의 근거가 되는 사실적 관계가 포함되며, 추론을 통한 논리적 합리성도 포함된다. 또한 가치에 대한 문제도 비판의 대상이 된다.

정책토론을 위한 비판적 사고를 갖추기 위해서는 크게 두 가지 사유능력이 요구된다. 첫째, 열린 사고이다. 자신의 주장만이 정당하다는 독단적 사고가 아니라 자신의 주장도 오류가 있을 수 있다는 열린 사고가 필요하다. 동시에 상대방의 주장이 확실하게 정당한 것으로 판명되지 않았는데 이를 그대로 받아들여서는 안 된다. 토론자는 열린 사고로 자신의 주장과 상대방의 주장을 개방적으로 비판할 수 있는 능력을 갖추어야 한다.

둘째, 합리적 사고이다. 정책토론은 단순한 말싸움이 아니다. 정책토론은 논리적 경쟁이다. 상대방의 주장이 지닌 모순을 체계적으로 분석하고 평가할 수 있는 지적 자원을 갖추어야 한다. 단순한 비판에 그치는 것이 아니라 문제를 해결할 수 있는 대안제시 능력을 갖추어야 한다. 합리적 사고는 논리적으로 사유하는 이성적 판단만을 의미하지 않으며, 사실적 근거에 기초하는 경험적 판단도 포함한다.

4. 변증법과 정책토론의 찬반 구조

그림 3-1 에서 보듯이, 변증법의 정명제는 찬성측 주장이 되며, 반명제는 반대측 주장이 된다. 즉 정책토론의 찬반 구조가 형성된다. 정책토론에서 찬성측은 논제를 지지하는 입장이며, 반대측은 논제에 반대하는 입장이다.

정책토론은 발언자가 찬반 양측으로 나뉘어 각자 자기주장의 정당성을 제기하고 상대방 주장의 부당성을 제시하는 대립구조를 지닌다는 점에 특징이 있다. 따라서 변증법이 지닌 정-반-합의 원리가 그대로 반영된 결과라고 할 수 있다.

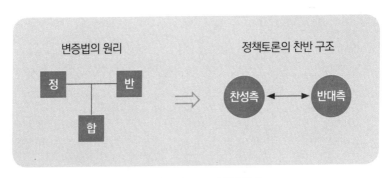

[그림 3-1] **정책토론의 찬반 구조**

여기서 한 가지 유의할 점은 변증법의 원리에서 제시되는 세 번째 단계인 합명제가 정책토론의 구조에는 포함되지 않는다는 것이다. 변증법에서 정명제와 반명제는 서로 대립되는 가운데 새롭게 결합되고 통일되어 합명제에 도달한다. 헤겔의 변증법은 이처럼 논리적 대립에 그치는 것이 아니라, 궁극적으로는 합의에 이르는 과정이라고 할 수 있다. 하지만 정책토론에서는 찬반 양측의 주장을 새롭게 결합하는 합의의 단계는 포함되지 않는다. 이러한 이유에서 정책토론이 오히려 집단 간의 의견 대립을 격화시키고 갈등을 부추긴다는 부정적인 면이 지적되기도 한다. 하지만 정책토론의 목적이 찬반 양측 간에 상대방을 제압하거나 협상을 통해 합의에 도달하는 것이 아니라 궁극적으로는 청중의 지지를 확보하는 데 있다는 점에 유의할 필요가 있다. 그러므로 정책토론에서 합명제의 도출은 토론자들이 아니라 청중의 몫으로 남겨진다.

거버넌스 시대의
공공커뮤니케이션 정책토론

제**4**장

논증

이 장에서는 논증에 대해서 알아본다. 논증은 자신의 주장을 정당화하기 위해 이를 뒷받침하는 전제를 제시하는 논리적 진술방식을 말한다. 근거-논거-주장의 단계적 과정이다. 이러한 논증이 정책토론의 입증에 적용된다. 이 장에서는 논증의 개념을 정의해 보고, 논증모형에 대해 정리해 본다. 이어서 정책토론의 입증모형과 주장의 오류에 대해 살펴본다.

1. 논증의 개념

논증은 추론의 응용이다. 논증은 추론을 주장하기에 적용한다. 이를 바탕으로 하여 논리적인 진술방식을 제시한다. 주장하기는 자신의 의견을 글이나 말로 전달하는 진술행위를 말한다. 글로 전달하는 대표적인 양식으로 논설문을 들 수 있으며, 말로 전달하는 양식으로 토론, 웅변, 연설 등을 들 수 있다.

추론은 앞 장에서 기술한 바와 같이, 주어진 명제로부터 결론적 명제를 도출하는 사고작용을 말한다. 하지만 논증은 사유의 전개 방향에서 추론과 차이가 있다. 논증은 추론과 달리 주장하기에서 제시된 결론의 정당성을 증명하기 위해 전제를 도출하는 역방향의 추론을 사용한다.

이렇게 논증을 설명하면 얼핏 어렵게 보일 수도 있겠으나, 사실 논증은 우리 일상생활 속에서 부지불식간에 사용되고 있다. 예를 들어 카페에서 동료들과 음료수를 주문한다고 가정해 보자. 다른 사람들은 차를 마시는데 한 사람만 커피를 선택했다. 한 동료가 물어본다, 왜 커피를 마시느냐고. 이들의 대화를 한번 들어보자.

질문자　왜 커피를 드세요?
응답자　잠이 와서 커피를 마십니다.
질문자　커피를 마시면 잠이 깰 수 있나요?
응답자　네, 커피에는 카페인 성분이 많이 들어 있기 때문입니다.

위에서 보는 바와 같이 응답자는 동료의 질문을 듣고 자신이 선택한 의사결정의 이유를 제시하고 있다. 쉽게 말해 이같이 이유를 분명히 밝히는 과정이 바로 논증이다. 논증은 이처럼 일상 속의 작은 문제뿐만 아니라 때로는 보다 큰 사회문제에 대해 자신의 의견이 정당하다는 것을 밝힐 때 필요하다. 예를 들어 '공공장소에서의 흡연행위에 대해 벌금을 부과해야 한다'라든지, '영화등급제도는 폐지되어야 한다'와 같은 사회문제 해결을 위한 정책대안에 대해 자신의 의견을 제시하고 그 이유를 분명히 제시하는 일이다.

정리하면, 논증argumentation은 '주장하기에서 자신의 의견을 정당화하기 위해 이를 뒷받침하는 전제를 제시하는 논리적 진술방식'이라고 할 수 있다. 여기서 자신의 의견은 결론적 명제를 말한다.

2. 논증모형

논증모형argumentation model은 영국의 철학자 툴민Toulmin에 의해 제안된 논증의 과정모형이다. 그림 4-1 에서 보듯이, 그는 논증의 요소를 크게 근거, 논거, 주장으로 구성하였으며, 이들을 단계적 과정으로 연결하여 모형화하였다. 또한 보충적 요소로 논거보강, 요건, 단서 등을 추가로 제시하였다. 각각의 논리적 진술요소들을 살펴보면 다음과 같다.

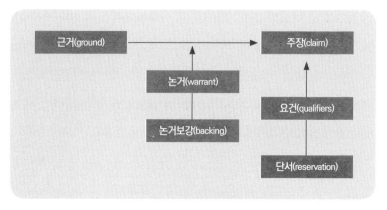

[그림 4-1] 툴민의 논증모형

첫째, 근거ground는 주장claim의 정당성을 증명하기 위해 사실적 관계를 제시하는 논리적 진술요소이다. 자료, 정보, 사례 등을 제시하는 명제를 말한다. 연역적 추론에서 소전제에 해당된다. 예를 들면 "브라이언은 미국에서 태어났다"와 같은 사실적 근거를 들 수 있다.

둘째, 논거warrant는 주장claim의 정당성을 증명하기 위해 합리적 이유를 제시하는 논리적 진술요소이다. 논거는 근거와 주장 사이에서 매개적 역할을 한다. 일반화된 이론, 법칙, 원칙 등을 제시하는 명제를 말한다. 연역적 추론에서 대전제에 해당한다. 예를 들면 "미국은 시민권 부여에서 속지주의 원칙을 따른다"와 같은 법률적 원칙을 논거로 들 수 있다.

셋째, 논거보강backing은 논거의 신뢰성을 강화하는 보충적 진술요소이다. 권위, 명성, 지지 등 논거의 입지를 강화하는 명제들이 여기에 해당된다. 예를 들어 "미국 수정헌법 제14에 명시되어 있듯이…"와 같이 논거에 권위적 논거보강을 추가로 제시함으로써 논거가 더욱 신뢰성을 갖게 된다.

넷째, 요건qualifiers은 주장에 덧붙여서 정당성의 범위를 미리 제시함으로써 주장claim의 확실성을 강화하는 보충적 진술요소이다. 확실성은 어떠한 사건이 분명히 일어날 가능성을 말한다. 예를 들어 "제출된 자료들이 모두 진본이라는 가정하에서 브라이언은 미국인이다"와 같이 정당성의 범위를 미리 제시함으로써 주장의 확실성을 강화할 수 있다.

다섯째, 단서reservation는 주장에 덧붙여서 예외적인 조건을 미리 제시함으로써 주장claim의 확실성을 강화하는 보충적 진술요소이다. 이는 주장의 일반화와 관련이 있다. 예를 들어 "브라이언은 미국인이다. 다만 그의 부모가 미국인이 아니라는 점은 사실이다"와 같이 일반화의 한계를 사전에 제시함으로써 주장의 확실성을 강화할 수 있다.

여섯째, 주장claim은 자신의 의견을 결론적으로 제시하는 논리적 진술요소이다. 주장은 추론에서 최종적인 판단인 결론에 해당된다. 예를 들어 "브라이언은 미국인이다"와 같은 결론적 명제가 곧 주장claim이다.

위에서 사용되었던 예시사항들을 종합해 보면 다음과 같다.

근거   브라이언은 미국에서 태어났다.
논거   미국은 시민권 부여에서 속지주의 원칙을 따른다.
　　논거보강   미국 수정헌법 제14조에 근거한다.
주장   브라이언은 미국인이다.
　　요건   모든 자료는 진본으로 가정한다.
　　단서   그의 부모는 미국인이 아니다.

3. 정책토론의 입증모형

1) 입증모형

툴민의 논증모형이 정책토론의 입증모형에 적용된다.

그림 4-2 에서 보듯이, 툴민의 논증모형이 정책토론의 입증모형 proof model 으로 전환된다. 툴민의 논증모형에서 제시된 주장claim이 단언assertion 으로, 논거warrant는 추론reasoning 으로, 근거ground가 증거evidence로 용어교체가 이루어지는 것을 알 수 있다.

입증모형을 구성하는 세 가지 핵심적인 진술요소들을 정리하면, 다음과 같다.

첫째, 단언assertion이다. 단언은 발언자가 자신의 의견을 결론적으로 제시하는 논리적 진술요소이다. 단언은 명제, 즉 문장의 형태로 진술된다. 단언은 추론이나 증거에 의해 뒷받침되지 않은 상태의 결론적 진술이다. 앞의 예를 다시 들어보면, "브라이언은 미국인이다"가 바로 단언이다. 논증모형에서 주장claim에 해당된다.

둘째, 추론reasoning이다. 추론은 단언의 정당성을 증명하기 위해 합리적 이유를 제시하는 논리적 진술요소이다. 추론은 단언과 증거 사이를 연결해 주는 매개적 역할을 한다. 이론, 법칙, 원칙 등이 여기에 해당된다. 앞의 예를 다시 들어보면, "미국은 국적 부여에서 속지주의 원칙을 따른다"가 추론이다. 논증모형에서 논거warrant에 해당된다.

셋째, 증거evidence이다. 증거는 단언의 정당성을 증명하기 위해 사실적 관계를 제시하는 논리적 진술요소이다. 자료, 정보, 사례 등이 증거로 사용된다. 추론이 논리적 입증이라면 증거는 경험적 검증이라고 할 수 있다. 앞의 예를 다시 들어보면, "브라이언은 미국에서 태어났다"가 증거이다. 논증모형에서 근거ground에 해당된다.

정리하면, 입증proof은 '정책토론에서 발언자가 자신의 의견을 정당화하기 위해 이를 뒷받침하는 전제를 제시하는 논리적 진술방식'이라고 할 수 있다. 입증은 곧 증거-추론-단언의 단계적 과정이다. 이러한 입증의 단계적 과정을 도식화한 것이 입증모형proof model이다.

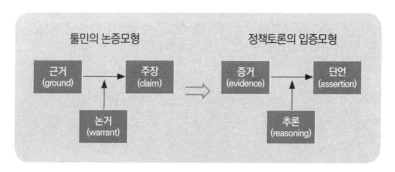

[그림 4-2] **논증모형과 입증모형**

2) 주장

그렇다면 주장이란 과연 무엇일까?

정책토론에서 사용되는 주장argument이라는 용어는 일반적으로 논증에서 사용되는 주장과는 그 의미가 다르다. 논증에서 사용되는 주장은 영어 'claim'의 번역어로 앞서 기술한 바와 같이 입증에서 사용되는 진술요소인 단언, 즉 영어 'assertion'과 같은 의미를 지닌다. 하지만 정책토론에서 사용되는 주장argument은 이보다 넓은 의미로 사용된다.

정책토론에서 사용되는 주장은 A^{Assertion}—R^{Reasoning}—E^{Evidence}, 즉 단언, 추론, 증거로 구성된 포괄적 의미로 사용된다. 즉 자신의 의견을 전달하는 진술요소들의 조합을 말한다.

주장^{argument}에 포함된 세 가지 진술요소들을 앞의 예를 사용하여 정리하면 다음과 같다.

주장(argument)

단언(assertion)	브라이언은 미국인이다.
추론(reasoning)	미국은 국적 부여에서 속지주의 원칙을 따른다.
증거(evidence)	브라이언은 미국에서 태어났다.

정리하면, 정책토론에서 주장^{argument}은 '자신의 의견을 전달하는 단언, 추론, 증거 등으로 구성된 진술요소들의 조합'이라고 할 수 있다. 다시 한번 짚고 넘어가자면, 정책토론에서 사용되는 주장 argument과 논증에서 사용되는 주장^{claim}은 영어 원어는 다르나 우리말로는 같은 용어로 번역되고 있어 혼란을 준다는 점에 주의를 기울일 필요가 있다.

3) 생략삼단논법

정책토론의 입증과정에서 반드시 유의해야 할 점은 생략삼단논법^{enthymeme}이다. 실제 정책토론에서 진술할 때, 증거나 추론 그리고 심지어 단언까지도 생략되는 경우가 흔히 있다. 다시 말해, 세 가지 진술요소들이 단계적으로 전개되지 않고 이 가운데 한두 단계가 생략되는 경우이다. 이를 살펴보면 다음과 같다.

첫째, 증거의 생략이다. 증거가 제시되지 않고 추론만으로 단언을 증명하는 경우이다. 다시 앞의 예를 들어보면, "브라이언은 미국인이다. 왜냐하면 미국은 속지주의 원칙을 따르기 때문이다"라고 주장할 때, "브라이언은 미국에서 태어났다"라는 증거가 생략되었다는 사실을 알 수 있다.

둘째, 추론의 생략이다. 추론이 제시되지 않고 증거만으로 단언을 증명하는 경우이다. 다시 앞의 예를 들어보면, "브라이언은 미국인이다. 왜냐하면 브라이언은 미국에서 태어났기 때문이다"라고 주장할 때, "미국은 속지주의 원칙을 따른다"라는 추론이 생략되었다는 사실을 알 수 있다.

셋째, 단언의 생략이다. 심지어는 단언이 제시되지 않고 증거나 추론만 제시되는 경우도 있다. 다시 앞의 예를 들어보면, "왜냐하면 미국은 속지주의 원칙을 따르기 때문이다"라고만 주장하거나, "브라이언은 미국에서 태어났다"라고만 주장할 때, 단언이 생략된 채로 주장이 이루어지는 것을 알 수 있다.

이상에서 보듯이, 생략삼단논법은 입증에서 보여주는 사유의 진행과정을 모두 밝지 않는다는 점에서 불완전한 삼단논법이라고 할 수 있다. 하지만 정책토론에서 때로는 생략삼단논법이 주장을 압축적으로 전달하는 수사적 기법으로 사용된다. 그러므로 발언자가 생략삼단논법을 사용할 때, 불완전하게 생략된 부분을 밝혀내는 몫은 상대방과 청중에게 놓인다.

4. 주장의 오류

오류fallacy는 사전적으로 '그릇되어 이치에 맞지 않는 일' 혹은 '참이 아닌 것을 참으로 주장하는 것'으로 정의된다. 정책토론에서 주장의 오류는 입증의 형식이나 내용에서 발생하는 이치에 맞지 않는 진술행위를 의미한다.

주장의 오류는 크게 형식적 오류와 비형식적 오류로 구분된다. 형식적 오류는 입증의 과정에서 발생하는 오류를 말한다. 단언-추론-증거의 세 가지 진술요소들의 단계적 입증과정에서 발생하는 오류이다. 이에 반해 비형식적 오류는 입증의 형식이 아닌 입증의 내용에서 발생하는 오류를 말한다. 주장에서 제시된 진술들이 지닌 내용상의 비합리성, 미비점, 왜곡, 오해 등 때문에 발생하는 오류라고 할 수 있다.

먼저 형식적 오류의 예를 살펴보면 다음과 같다.

첫째, 순환논증의 오류이다. 단언에서 제시하고자 하는 것을 전제에서 제시할 때 발생하는 오류이다. 예를 들어 "공유경제사업에 대한 규제정책이 시행되어야 한다. 왜냐하면 공유경제사업에 대한 규제가 필요하기 때문이다"라는 주장에서 보면, 단언과 추론에서 사실상 동일한 말이 반복되는 것을 알 수 있다. 그러므로 결국에는 단언을 정당화하지 못하고 있다.

둘째, 자가당착의 오류이다. 모순된 추론을 바탕으로 단언을 증명하면서 발생하는 오류이다. 쉽게 말해 단언과 추론이 서로 이치에 맞지 않을 때 발생한다. 예를 들어 "조기영어교육이 필요하다. 왜냐하면 국어를 어릴 때부터 올바르게 익혀야 일상적인 언어생활도 원활하게 되고, 국민문화의 전승도 가능하기 때문이다"라는 주장이 이루어질 때 단언과 추론 사이에 모순이 발생하는 것을 알 수 있다. 자가당착의 오류는 추론에 모순이 있다는 점에서 비형식적 오류로 볼 수도 있으나 내용 자체의 오류라기보다는 단언과의 논리적 관계에서 생기는 오류라는 점에서 형식적 오류로 분류된다.

셋째, 전건부정의 오류이다. 조건문이 추론으로 제시되었을 때, 발생하는 오류이다. 가언삼단논법으로 '만일 p이면, q이다. p이다. 그러므로 q이다'의 형식을 취한다. 이때 전건부정의 오류는 추론이 'p이면, q이다'의 형식으로 제시되었을 때, p를 부정함으로써 q를 부정한 것으로 결론을 내는 오류이다. 예를 들어, "만일 콜럼버스가 기차를 탔다면, 그는 멀리 여행을 갔을 것이다. 그런데 콜럼버스가 기차를 타지 못했다. 그러므로 그는 멀리 여행을 가지 못했다"라는 주장이 이루어질 때, 전건부정으로 인한 오류가 발생한다. 기차를 타지 못했다고 해서 반드시 멀리 여행을 갈 수 없었던 것은 아닐 수 있기 때문이다.

넷째, 후건긍정의 오류이다. 전건부정과 마찬가지로 조건문이 추론으로 제시되었을 때 발생하는 오류이다. 후건긍정의 오류는 논거가 'p이면, q이다'의 형식으로 제시되었을 때, q를 긍정함으로써 p를 긍정한 것으로 결론을 내는 오류이다. 다시 앞 예로 돌아가 보면, "만일 콜럼버스가 기차를 탔다면, 그는 멀리 여행을 갔을 것이다. 그런데 콜럼버스는 멀리 여행을 갔다. 그러므로 그는 기차를 탔다"라는 주장이 이루어질 때, 후건긍정으로 인한 오류가 발생한다. 멀리 여행을 갔다고 해서 반드시 기차를 탔던 것은 아닐 수 있기 때문이다.

다섯째, 잘못된 딜레마의 오류이다. 잘못된 이분법적 명제가 추론으로 제시될 때 발생하는 오류이다. 예를 들어 "담뱃값 인상안은 통과될 수 없을 것이다. 왜냐하면 보수주의자들은 소비자 물가인상을 우려하여 담뱃값 인상안을 반대할 것이고, 또한 진보주의자들은 저소득층 경제부담을 우려하여 담뱃값 인상안을 반대할 것이기 때문이다"라는 주장이 이루어질 때, 잘못된 딜레마의 오류가 발생하는 것을 알 수 있다. 그 이유는 보수나 진보가 아닌 다른 관점의 판단을 하는 사람들도 있을 수 있기 때문이다.

다음으로, 비형식적 오류이다. 비형식적 오류는 입증의 내용에서 발생하는 오류를 말한다. 여기에는 심리적 오류, 자료적 오류, 언어적 오류 등이 포함된다.

먼저, 심리적 오류이다. 심리적 오류는 주장에서 합리적인 추론이 제시되기보다는 감정적인 추론이 제시될 때 발생하는 오류이다. 심리적 오류의 예를 살펴보면 다음과 같다.

첫째, 감정 호소의 오류이다. 공감, 동정, 공포, 분노 등 상대방의 감정에 호소하는 추론이 제시될 때 발생하는 오류이다. 예를 들어, "브라이언은 승진해야 한다. 왜냐하면 그는 최근에 개인적인 어려움을 겪었기 때문이다"라는 주장이 이루어질 때, 합리적 이유가 아닌 상대방의 동정심에 호소하여 단언을 정당화하려는 심리적 오류가 발생하는 것을 알 수 있다.

둘째, 부적합한 권위 호소의 오류이다. 적합하지 않은 권위적 증언이 추론으로 제시될 때 발생하는 오류이다. 예를 들어 "한국경제는 내년에 어려움을 겪을 것으로 예상된다. 왜냐하면 세계적으로 유명한 예언가가 그렇게 말했기 때문이다"라는 주장이 제시될 때, 부적합한 권위에 근거하여 단언을 정당화하는 심리적 오류가 발생한다.

셋째, 인신공격의 오류이다. 정당한 추론 대신에 상대방의 인격적인 면을 공격하는 추론이 제시될 때 발생하는 오류이다. 예를 들어 "당신은 동물에게도 기본적인 복지권을 부여해야 한다고 주장한다. 하지만 나는 당신의 주장을 지지할 수 없다. 왜냐하면 당신은 알코올 중독자이기 때문이다"라는 주장이 제시될 때, 합리적 이유가 아닌 상대방에 대한 인신공격으로 단언을 끌어내는 오류가 발생하게 된다.

넷째, 군중 호소의 오류이다. 정당한 추론 대신에 군중심리를 이용하는 추론이 제시될 때 발생하는 오류이다. 예를 들어 "저 식당은 최고의 맛집이다. 왜냐하면 저 식당 앞에는 늘 많은 사람들이 줄을 서서 기다리고 있기 때문이다"라는 주장이 이루어질 때, 내용의 진실여부와 관계없이 다수의 사람들이 관심을 갖고 있다는 군중심리를 추론으로 제시하여 단언을 정당화하는 오류가 발생하게 된다.

다섯째, 원천봉쇄의 오류이다. 정당한 추론 대신에 상대방이 반박할 가능성을 사전에 봉쇄하는 추론이 제시될 때 발생하는 오류이다. 예를 들어 "브라이언은 죄가 없다. 만일 그가 죄가 있다고 생각하는 사람이 있다면, 그 사람은 분명히 비정상적인 사람일 것이기 때문이다"라는 주장이 이루어질 때, 상대방이 반박할 가능성을 원천적으로 봉쇄하는 오류가 발생하게 된다. 상대방을 심리적으로 압박함으로써 적절하게 반박할 수 없게 만든다는 점에서 이를 비유적으로 '우물에 독약치기의 오류'라고도 한다.

다음으로 자료적 오류이다. 자료적 오류는 잘못된 증거나 추론을 바탕으로 단언이 정당화될 때 발생하는 오류이다. 자료적 오류의 예를 살펴보면 다음과 같다.

첫째, 성급한 일반화의 오류이다. 제한된 자료나 적합하지 않은 사례 등 미흡한 증거로 단언을 정당화할 때 발생하는 오류이다. 예를 들어 "브라이언은 도박중독자이다. 왜냐하면 그가 얼마 전에 마카오에 다녀왔기 때문이다"라는 주장이 이루어질 때, 예외적일 수 있는 사례를 증거로 제시함으로써 단언이 잘못 정당화되는 오류가 발생하는 것을 알 수 있다.

둘째, 논점 일탈의 오류이다. 논점이 벗어난 잘못된 추론을 바탕으로 단언이 정당화될 때 발생하는 오류이다. 예를 들어 "원전은 폐지되어야 한다. 왜냐하면 4차산업혁명시대에 들어서면서 자율자동차 보급이 확대될 수 있기 때문이다"라는 주장이 이루어질 때, 논점에서 벗어난 추론이 제시되는 오류가 발생하는 것을 알 수 있다.

셋째, 잘못된 유추의 오류이다. 잘못된 유추가 추론으로 제시될 때 발생하는 오류이다. 유추는 두 개의 사물이나 현상이 여러 면에서 비슷하다는 것을 근거로 다른 것을 미루어 추리하는 것을 말한다. 예를 들어 "관습은 오래된 것일수록 좋다. 왜냐하면 와인도 오래될수록 좋기 때문이다"라는 주장이 이루어질 때, 와인의 속성을 관습에 잘못 비유하여 단언을 끌어내는 오류가 발생하는 것을 알 수 있다. 오래된 관습이라고 해서 반드시 오늘날에도 맞는 것은 아니기 때문이다.

넷째, 결합과 분해의 오류이다. 추론에서 제시된 부분적인 속성을 전체적인 속성으로 보거나, 전체적인 속성을 부분적인 속성을 판단하여 단언이 도출될 때 발생하는 오류이다. 예를 들어 "그리스 사람들은 지혜롭다. 왜냐하면 소크라테스는 지혜로운 사람이기 때문이다"라는 주장이 이루어질 때, 추론에서 제시된 부분적인 속성을 전체적인 속성으로 판단하여 오류가 발생하는 것을 알 수 있다.

다섯째, 허수아비 공격의 오류이다. 상대방이 제시하는 주장을 왜곡하여 반박하는 추론이 제시될 때 발생하는 오류이다. 즉 문제의 핵심이 아닌 일종의 허수아비를 만들어놓고 상대방의 주장이 잘못된 것처럼 기정사실화하는 수법이다. 예를 들어 "헌법 개정안에 동의할 수 없다. 왜냐하면 헌법 개정안은 사회주의 헌법이기 때문이다"라는 주장이 이루어질 때, 추론에서 합리적인 반박이유가 제시되기보다는 사회주의 헌법이라는 일종의 허수아비를 만들어놓고 단언을 정당화하려는 오류가 발생하는 것을 알 수 있다.

다음으로 언어적 오류이다. 언어적 오류는 추론에서 제시된 잘못된 언어적 표현을 바탕으로 단언이 도출될 때 발생하는 오류를 말한다. 언어적 오류의 예를 살펴보면 다음과 같다.

첫째, 애매한 단어의 오류이다. 두 가지 이상의 의미를 가진 애매한 용어가 사용된 추론이 제시될 때 발생하는 오류이다. 예를 들어 "브라이언을 감옥에 보내야 한다. 왜냐하면 그는 그가 원죄가 있다고 말했기 때문이다"라는 주장이 이루어질 때, 추론에서 종교적으로 사용된 죄의 의미가 현실적 의미의 죄로 잘못 해석되어 단언이 정당화되는 오류가 발생하는 것을 알 수 있다.

둘째, 잘못된 강조의 오류이다. 추론에서 제시된 특정한 단어나 구를 강조 또는 은폐함으로써 단언이 잘못 정당화될 때 발생하는 오류이다. 예를 들어 "자동차가 정차해 있을 때 술을 마시는 것은 괜찮다. 왜냐하면 자동차를 운전하는 중에 술을 마시는 것은 금지되어 있기 때문이다"라는 주장이 이루어질 때, 추론에서 제시된 운전 중이라는 말을 지나치게 강조함으로써 단언이 잘못 정당화되는 오류가 발생하는 것을 알 수 있다.

셋째, 잘못된 범주의 오류이다. 추론에서 잘못된 분류기준이 제시될 때 발생하는 오류이다. 예를 들어 "아시아지역을 대표하는 국제관광기구의 설립이 필요하다. 왜냐하면 한국, 중국, 일본, 영국, 프랑스, 이탈리아 등 관련 관광국가들 간의 상호협력이 중요하기 때문이다"라는 주장이 제시될 때, 단언에서 제시된 아시아지역을 잘못 분류하는 추론이 제시되면서 오류가 발생하는 것을 알 수 있다.

위에서 살펴본 바와 같이 다양한 종류의 형식적 오류와 비형식적 오류가 주장에서 발생한다. 정책토론에서는 상대방의 주장에서 오류를 찾아내어 이를 반박하는 것이 중요하다. 마찬가지로 자신의 주장에서 오류가 발생하지 않도록 사전에 방지하는 것도 중요하다. 하지만 실제 현장에서 이루어지는 TV정책토론이나 정치토론과 같은 응용토론에서는 이 같은 주장의 오류가 아이러니하게도 상대방을 이기기 위한 정책토론의 기술로 의도적으로 사용될 때가 있다는 점에 유의할 필요가 있다.

거버넌스 시대의
공공커뮤니케이션 정책토론

제5장

수사학

이 장에서는 수사학에 대해서 알아본다. 수사학은 설득기술에 대한 학문이다. 구어적, 문어적, 비언어적 기술들이 포함된다. 수사학의 설득기술이 정책토론의 커뮤니케이션기술에 적용된다. 그러므로 정책토론을 학습하기 위해서는 수사학을 이해하는 것이 필요하다. 이를 위해 이 장에서는 수사학이 무엇인지를 정의해 보고, 수사학의 전형이라 할 수 있는 아리스토텔레스의 수사학에 대해서 정리해 본다. 또한 이를 바탕으로 하여 정책토론의 기본구조와 커뮤니케이션기술에 대해서 살펴본다.

1. 수사학의 개념

수사학이라 하면 말이나 글을 아름답고 정연하게 꾸미는 기술이라 생각된다. 하지만 정작 수사학을 학술적으로 정의하는 것은 간단한 일이 아니다. 그 이유는 수사학은 오랜 기간에 걸쳐 학문적 흥망성쇠의 길을 걸어왔고 그 과정에서 많은 변화를 거쳐왔기 때문이다.

역사적으로 수사학의 기원은 고대 그리스시대로까지 거슬러 올라간다. 약 기원전 5세기경 그리스 아테네를 중심으로 도시공동체 문화가 형성되기 시작하였으며, 도시 광장에서 정치연설이나 법정 변론 등의 시민활동이 활발하게 이루어졌다. 소위 시민광장의 시대라고 할 수 있다. 당연히 이 시기에는 자신의 주장을 군중들에게 설파하는 웅변술의 중요성이 크게 부각되었다. 변론에 능했던 소피스트들의 활동이 활발했던 시기였다. 당시 소피스트들은 기존의 이상주의 철학자들과는 달리 현실세계에 관심을 가졌으며, 자신들의 지식을 대중에게 전달하는 웅변술에 능숙하였다. 그런 의미에서 이 시기의 수사학을 웅변술의 수사학이라고 부른다.

이후 수사학은 아리스토텔레스에 의해 비로소 학문적 토대가 만들어지기 시작하였다. 아리스토텔레스는 그의 저서 『수사학』에서 수사학을 설득에 필요한 전반적인 구어표현의 기술, 즉 수사술로 내용적 범위를 설정하였다. 그는 언어를 위한 학습을 논리학, 시, 수사학으로 유형화하였다. 아리스토텔레스의 수사학에서는 웅변술뿐만 아니라 수사적 표현, 설득수단, 윤리 등 구어 수사와 관련된 전반적인 설득기술들이 다루어졌다. 그리고 그는 이러한 설득기술을 수사술이라고 명명하였다. 그런 의미에서 이 시기의 수사학을 수사술의 수사학이라고 부른다.

중세시대에 들어오면서 스콜라에서는 문법, 논리학과 함께 수사학이 기초학문으로 정립되었다. 이를 소위 3학이라고 한다. 특히 르네상스시대에 이르러 수사학은 중요한 학문적 위치를 차지하였으며, 수사학적 원리가 16~17세기 역사극이나 연대기극에 반영되어 등장인물들의 대사가 연설형식으로 전달되었다. 대표적인 예가 셰익스피어의 작품이다. 하지만 인쇄술이 발달하면서 점차 변화를 맞게 되었다. 구어문화로부터 문자문화로의 이동이 이루어지기 시작하였다. 이와 함께 구어표현의 기술로 다루어졌던 아리스토텔레스의 수사학과는 달리 주로 문어표현 중심의 기술로 바뀌었다. 이른바 수사술로부터 수사법으로의 전환을 말한다. 그런 의미에서 이 시기의 수사학을 수사법의 수사학이라고 부른다.

현대에 들어와서 수사학은 하나의 독립적인 영역으로 발전하기보다는 여러 학문적 접근으로 분산되어 발전하고 있다. 이 가운데 대표적인 것이 언어학적 접근과 커뮤니케이션적 접근이다. 언어학적 접근에서 수사학은 주로 수사법의 형태로 다루어진다. 특히 문장 표현술에 초점이 맞추어진다. 반면에, 커뮤니케이션적 접근에서는 아리스토텔레스의 수사술과 유사한 형태로 커뮤니케이션기술에 초점이 맞추어진다.

정리하면, 통시적 관점에서 볼 때 수사학Rhetoric은 '설득을 위한 전반적인 커뮤니케이션기술에 관한 학문'이라고 할 수 있다. 한마디로 설득기술에 관한 학문이다.

2. 아리스토텔레스의 수사학

앞에서 언급한 바와 같이 아리스토텔레스의 수사학은 설득기술을 학습하는 데 있어서 중요한 학문적 기초를 이룬다. 소위 수사술로서의 수사학이다. 아리스토텔레스의 수사술은 크게 설득수단과 수사적 기술로 요약된다.

1) 설득수단

아리스토텔레스는 청중을 설득하기 위한 수단을 크게 세 가지 요소로 제시하였다. 에토스, 로고스, 파토스를 말한다. 이를 정리하면 다음과 같다(그림 5-1 참조).

[그림 5-1] 설득수단의 3요소

첫째, 에토스ethos이다. 에토스는 화자가 지녀야 할 인격적 요소를 말한다. 화자의 단계에서 필요한 설득수단의 기본 요소이다. 아리스토텔레스는 에토스를 화자가 청중으로부터 지지를 받기 위한 인간적인 품성과 자격으로 보았다. 예를 들어 화자가 갖추어야 할 권위, 지식, 신뢰 등이다.

둘째, 로고스logos이다. 로고스는 화자가 전달하는 논리적 요소를 말한다. 한마디로, 로고스는 전언이다. 전언은 제시하고자 하는 주장을 언어로 표현한 것이다. 아리스토텔레스는 로고스를 설득을 위한 논증 그 자체로 보았다. 특히 이 가운데 수사추론은 연설에서 화자가 자신의 주장을 정당화하는 기본적인 기술이다.

셋째, 파토스pathos이다. 파토스는 화자가 지녀야 할 공감적 요소를 말한다. 아리스토텔레스는 파토스를 정념passion으로 통칭하였다. 정념은 깊은 감정의 상태이다. 정념의 공유가 화자와 청중을 연결시키는 역할을 수행한다. 화자는 청중의 정념과 공감할 수 있어야 한다. 아리스토텔레스는 정념을 모두 14가지로 예시하였다. 분노, 평온, 우정, 증오, 불안, 신뢰, 수치심, 뻔뻔함, 친절, 동정, 분개, 선망, 경쟁, 경멸 등이다.

2) 수사적 기술

아리스토텔레스는 수사적 기술을 크게 다섯 가지 하위기술로 구분하였다. 논거발견술, 논거배열술, 표현술, 기억술, 연기술이 그것이다. 한편, 아리스토텔레스는 연설과정을 화자speaker–전언message–청중audience의 과정으로 제시하였으며, 이를 바탕으로 수사적 기술을 단계적으로 연결하여 일련의 과정으로 설명하였다(그림 5-2 참조). 각 하위기술의 특징을 단계별로 살펴보면 다음과 같다.

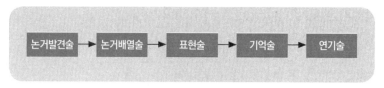

[그림 5-2] **수사적 기술**

첫 번째 단계는 논거발견술inventio이다. 논거발견술은 화자가 자신의 주장을 뒷받침하는 논거를 밝혀내는 기술을 말한다. 아리스토텔레스는 논거의 발견에서 화자의 관점, 청중의 관점, 전언의 관점이 중요하다는 점을 강조한다. 아리스토텔레스는 논거의 발견을 단지 전언의 관점에서 주장을 정당화하는 논리적 요소로만 한정짓지 않고 화자와 청중의 관점에서 비논리적인 요소도 포함시켰다는 점에 특징이 있다.

두 번째 단계는 논거배열술dispositio이다. 논거배열술은 논거를 구성하는 기술을 말한다. 논거배열술에서 중요한 과제는 전언의 순서를 구성하는 것이다. 아리스토텔레스는 크게 머리말, 진술부, 논증부, 맺음말의 네 단계로 제시하였다. 머리말에서는 주장하고자 하는 바를 간결하고 명확하게 제시하여 청중들이 이해할 수 있는 기초를 마련하는 것을 강조한다. 진술부는 사실을 서술하는 단계이다. 이를 위해서는 사실을 객관적으로 판단하여 전달하는 서술 기술이 필요하다. 논증부는 연설의 핵심부분으로 주장을 정당화하는 논거를 제시하는 단계이다. 이 단계에서는 자신의 주장을 지지하는 논거가 제시되기도 하지만, 상대방의 주장을 반박하는 논거가 제시되기도 한다. 맺음말은 앞에서 제시되었던 논의를 요약하며 청중의 공감을 끌어내는 단계이다.

셋째, 표현술elocutio이다. 전달하고자 하는 주장을 전언으로 설득력 있게 표현하는 기술이다. 아리스토텔레스는 표현술을 공감의 기술로 보았다. 특히 아리스토텔레스의 표현술은 구어적 기술이다. 하지만 이후 근대시대에 들어오면서 표현술이 수사법으로 진화하게 된다. 수사법은 문어적 기술로 핵심은 문체style와 문채figure이다. 문체는 글의 전체적인 표현양식을 보여주는 기술이다. 동일한 내용의 글이라도 표현양식에 따라 전체적인 인상은 달라진다. 다음으로 문채는 글을 아름답게 장식하는 기술이다. 문채는 의미전이, 문장구조 등을 기준으로 유형이 나뉜다.

넷째, 기억술memoria이다. 준비된 전언을 기억하는 기술이다. 기억술은 구어문화를 대표하는 수사적 기술이다. 고대 그리스와 로마시대에는 기억력이 교양인의 기본적인 조건으로 간주되었다. 대표적인 기술로 궁전의 기억술이 있다. 기억하고 싶은 대상을 궁전 공간에 배치하여 기억효율을 높이는 방법이다. 이외에도 이야기에 적용하여 기억을 높이는 이야기법, 기억하고 싶은 대상의 머리글자로 암기하는 글자법 등이 있다. 최근 들어 기억술은 수사학의 영역보다는 인지심리학, 두뇌과학 등의 영역에서 연구되고 있다.

다섯째, 연기술actio이다. 전언의 의미를 행위로 표현하는 기술이다. 음성이나 동작으로 표현하는 기술을 말한다. 마치 연극에서 연기자가 배역이 지닌 캐릭터를 연기로 표현하듯이 화자도 자신이 전달하고자 하는 전언을 행위로 표현하는 기술이 필요하다. 설득수단으로 보면, 화자의 에토스와 함께 청중과 교감하는 파토스가 결합하여 행위로 표현하는 기술이라고 할 수 있다. 오늘날 연기술은 연극 및 공연예술분야에서 연구되고 있다. 연기술은 크게 음성과 동작에 대한 기술로 구분된다. 음성은 목소리, 발음, 호흡 등에 관한 기술을 말하며, 동작은 얼굴 표정, 손동작, 자세 등에 관한 기술을 말한다.

3. 수사학과 정책토론의 기본구조

아리스토텔레스의 수사적 기술에서 제시되는 연설과정이, 그림 5-3 에서 보듯이 정책토론의 기본구조에 적용된다.

아리스토텔레스는 연설과정을 화자─전언─청중의 과정으로 구성하였다. 여기에서 마지막 단계인 청중의 개념은 앞서 살펴본 변증법의 원리에서는 제시되지 않았던 부분이다. 변증법에서는 정명제와 반명제의 대립적 구조가 정책토론의 찬반 구조에 반영되는 것을 보았다. 여기에 청중의 요소가 덧붙여지면서 정책토론의 기본구조가 완성된다.

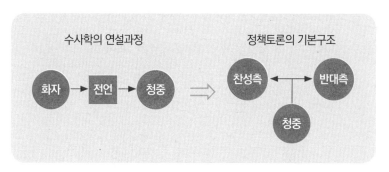

[그림 5-3] **정책토론의 기본구조**

청중audience은 정책토론에서 찬성측과 반대측의 주장을 듣고 그들의 주장에 대한 지지여부를 판단하는 의사결정자이다. 하지만 청중은 토론과정에 실제로 참여하지는 않는다. 그런 의미에서 청중은 '보이지 않는 토론자'invisible debater라고 할 수 있다.

아리스토텔레스는 청중을 전언의 성격에 따라 세 가지 유형으로 구분하였다. 먼저, 일반 관중이다. 아름다움과 추함을 논하는 첨언적 전언을 전달할 때의 청중을 말한다. 다음으로, 심판관이다. 옳고 그름을 논하는 재판적 전언을 전달할 때의 청중을 말한다. 다음으로, 의회다. 유용성과 무용성을 논하는 논쟁적 전언을 전달할 때의 청중을 말한다.

앞서 살펴보았듯이, 정책토론은 크게 응용토론과 아카데믹 토론으로 구분된다. 응용토론에는 TV정책토론, 공청회, 정치토론, 온라인토론 등 다양한 형태의 정책토론들이 포함된다. 정치토론에서는 유권자가 청중이 되고, 공청회에서는 주민 혹은 방청인이 청중이 된다. TV정책토론이나 온라인토론에서는 시청자나 네티즌이 청중이 된다. 반면에, 아카데믹 토론에서는 실제의 청중이 아닌 심사자가 청중의 역할을 대신한다. 심사자는 준비된 심사표에 근거하여 점수를 매기고 평가결과에 따라 양 팀 가운데 한 팀을 승리팀으로 선정한다. 즉 심사자는 청중의 의사결정을 대신하여 평가로 판단한다.

4. 수사학과 정책토론의 커뮤니케이션기술

수사학의 설득기술이 정책토론의 커뮤니케이션기술에 적용된다.

앞서 기술하였듯이, 아리스토텔레스는 설득수단과 수사적 기술을 수사학의 설득기술로 제시하였다. 이러한 설득기술을 바탕으로 정책토론에서 커뮤니케이션기술이 발전하였다.

정책토론의 커뮤니케이션기술은 크게 언어적 커뮤니케이션기술과 비언어적 커뮤니케이션기술로 구분된다.

먼저, 언어적 커뮤니케이션기술은 설득에 필요한 구어적 표현기술을 말한다. 앞서 기술했던 아리스토텔레스의 표현술이 적용된다. 이와 함께 오늘날 수사법에서 다루어지고 있는 문체와 문채가 포함된다. 문체의 경우 정책토론에서는 주로 간결체가 사용된다. 간결체는 의사를 명확하고 강력하게 전달할 수 있다. 하지만 때로는 만연체로 상대방의 판단을 방해할 수도 있다는 점에 유의할 필요가 있다. 또한 문채의 경우, 적합한 비유를 제시함으로써 효과적인 의사소통을 기대할 수 있다.

다음으로, 비언어적 커뮤니케이션기술은 신체body를 통한 표현기술을 말한다. 아리스토텔레스의 연기술이 적용된다. 음성, 억양,

얼굴 표정, 시선처리, 손동작, 자세, 외양, 복장 등 언어적 요소를 제외한 거의 모든 요소들이 포함된다. 크게 음성과 동작으로 구분할 수 있다. 음성의 경우, 힘 있는 목소리로 의사를 전달할 때, 청중은 발언자가 자기주장에 확신이 있는 것으로 판단하기 쉽다. 반대로 힘없는 목소리로 전달할 때 청중은 발언자가 자기주장에 확신이 없는 것으로 판단하기 쉽다.

한편, 정책토론의 커뮤니케이션기술에서 강조되는 또 다른 기술이 경청listening이다. 경청은 정책토론의 커뮤니케이션기술이 지닌 고유한 특징이라고 할 수 있다. 정책토론은 웅변이나 연설과 같이 청중을 대상으로 일방적인 의사전달을 하는 것과는 달리 발언자가 찬반 양측으로 나뉘어 각기 자기주장을 펼침으로써 청중의 지지를 확보하려는 쌍방향적 커뮤니케이션 행위다. 그러므로 발언자가 자신의 주장을 효과적으로 전달하는 것만큼 중요한 것이 상대방의 주장을 효과적으로 경청하는 것이다.

거버넌스 시대의
공공커뮤니케이션 **정책토론**

제3부

정책토론의 구조

3부에서는 정책토론의 구조에 대해서 알아본다. 앞서 변증법의 원리에서 살펴본 바와 같이 정책토론은 논제를 설정하고 이를 지지하는 찬성측과 부정하는 반대측의 대립으로 성립된다. 3부에서는 정책토론의 기본 요소인 논제에 대해서 다루고, 논제의 제안자 혹은 지지자인 찬성측에 대해서 정리해 본다. 이어서 논제에 대해 반대논리를 주장하는 반대측에 대해 정리해 본다.

거버넌스 시대의
공공커뮤니케이션 정책토론

제6장

논제

　이 장에서는 논제에 대해 알아본다. 논제는 정책토론의 중심의
제다. 찬반 양측이 논제를 놓고 경쟁을 하게 된다. 그러므로 정책
토론을 준비하기 위해서는 우선 논제부터 파악해야 한다. 이를 위
해 이 장에서는 논제의 개념을 정의해 보고, 논제의 설정 및 진술
양식에 대해 정리해 본다. 그리고 논제와 관련된 쟁점에 대해 살펴
본다.

1. 논제의 개념

　앞서 변증법의 원리에서 논의하였던 바와 같이, 정책토론은 논제
로부터 출발한다. 논제를 설정하고 이를 지지하는 찬성측과 부정
하는 반대측의 대립이 이루어질 때, 정책토론은 비로소 성립된다.

글쓰기로 생각하면, 논제는 글의 주제에 해당된다. 글이 포함하고 있는 내용상의 핵심이다. 마찬가지로, 논제는 토론에서 다루어지는 논쟁의 핵심내용이다.

앞서도 언급하였지만, 세상의 모든 문제가 정책토론의 논제가 되는 것은 아니다. 정책토론은 개인적인 문제가 아닌 사회적 문제를 대상으로 한다. 사회집단 간에 의견이 대립되고 불일치가 발생하는 문제가 정책토론의 대상이 된다. 사람들은 자신들의 입장에 따라 각기 다른 의견을 갖게 되며, 다른 사람들과 대립하고 경쟁을 한다. 집단 간의 의견 차이가 커지면서 경쟁적 논의가 이루어지며, 그러한 논의가 이루어지는 문제들 가운데 중심적으로 논의되는 문제가 논제로 설정된다.

정리하면, 정책토론에서 논제^{topic}는 '특정한 사회문제에 대해 찬성과 반대 양측 간에 경쟁적 논의가 이루어지는 중심적인 문제'라고 할 수 있다. 논제는 다른 말로 의제^{agenda}라고도 한다.

2. 논제의 유형

정책토론에서 논제는 사실논제, 가치논제, 대안논제의 세 가지
유형으로 구분된다.

먼저, 사실논제fact topic는 사실관계 확인과 관련하여 논쟁이 이
루어지는 문제다. '맞다 혹은 틀리다'true or false를 판단하는 것이
논의의 핵심이다. 사실논제에서는 개념정의, 문제인식 등에 대한
논의가 포함된다. 예를 들어보자.

논제1	소크라테스는 그리스인이다.
논제2	제주도는 섬이다.
논제3	한국은 자유민주주의 국가이다.

사실논제는 시제에 따라 세 가지 유형으로 구분된다. 과거, 현
재, 미래의 시제다. 먼저, 과거 사실의 논제는 주로 역사적 사건을
다룬다. 예를 들어 '콜럼버스가 신대륙을 발견했다', '군부독재시대
에는 언론탄압이 있었다' 등과 같이 과거 사실의 진위여부를 문제
로 삼는다. 현재 사실의 논제는 현 상황의 진위여부와 관련된다.
'제주도는 관광지다', '서울은 대한민국의 수도다' 등을 들 수 있다.
한편, 미래 사실의 논제는 미래에 대한 예측이나 전망 등에 대한
진위여부를 논제로 한다. '기후변화는 앞으로 더욱 심각해질 것이

다', '저출산문제는 향후 더욱 심화될 것이다' 등을 들 수 있다.

다음으로, 가치논제value topic는 가치판단과 관련하여 논쟁이 이루어지는 문제다. 가치는 어떠한 대상이 지니고 있는 올바름, 바람직성, 정당성 등을 말한다. 가치판단은 '옳다 혹은 그르다'right or wrong를 평가하는 것이 논의의 핵심이다. 가치판단의 기준은 윤리, 사회규범, 종교, 이데올로기, 가치관 등 가치실현의 행위들에 근거한다. 예를 들어 윤리로부터는 선악의 기준이 제시되며, 사회규범으로부터는 정당성 여부가 기준으로 제시된다. 종교로부터는 경건과 세속의 기준이 제시되며, 정치이데올로기로부터는 자유와 평등의 기준이 제시된다. 또한 경제이데올로기로부터는 성장과 분배의 기준이 각각 제시된다. 가치논제에서는 개념정의, 가치판단의 기준, 가치 간 우선순위 등에 대한 논의가 포함된다. 예를 들어보자.

논제 1   젊은이는 어른을 공경해야 한다.
논제 2   공공장소에서는 정숙해야 한다.
논제 3   대학생의 정치참여는 정당하다.

다음으로, 대안논제policy alternative topic는 정책대안의 시행 여부와 관련하여 논쟁이 이루어지는 문제다. 대안논제는 '해야 한다 혹은 하지 말아야 한다'should do or not를 결정하는 것이 논의의 핵심이다. 대안논제는 현 상태를 변화시켜야 한다는 찬성측의 주장을 담고 있다. 찬성측은 현재 시행되고 있는 정책으로는 문제를 해결하는 데 한계가 있으며, 이를 해결하기 위해서는 새로운 문제해결 방안이 필요하다는 입장이다. 대안논제에서는 개념정의, 변화의 필요성, 시행가능성, 시행효과 등에 대한 논의가 포함된다. 예를 들어보자.

논제 1   정부는 공유경제사업의 규제프리존을 지정해야 한다.
논제 2   정부는 카지노에 내국인 출입을 허용해야 한다.
논제 3   정부는 동물복지인증제도를 도입해야 한다.

한편, 대안논제는 종합논제라는 특징을 지닌다. 대안논제는 내용적으로 사실논제나 가치논제까지를 포함한다. 예를 들어 '정부는 공유경제사업육성을 위한 규제프리존을 지정해야 한다'는 대안논제를 다루기 위해서는 사실논제인 '공유경제사업에 대한 사업규제가 심각하다'에 대한 사실관계의 진위여부를 기본적으로 판단해야 한다. 또한 가치논제인 '공유경제사업을 육성하는 것이 정당하다'에 대한 기본적인 가치판단이 필요하다. 다시 말해, 대안논제는 문제해결을 위한 정책대안의 시행여부를 주장하기에 앞서 사실관계 확인과 가치판단이 선결조건으로 내재해 있다. 이러한 이유에서 정책토론의 논제는 관련 문제들을 종합적으로 다루는 대안논제가 주로 설정된다. 특히 정책토론학습을 위해 이루어지는 아카데믹 토론에서는 대안논제가 논제로 설정되는 것이 일반적이다. 이 책에서도 대안논제를 중심으로 서술되고 있음을 미리 밝혀둔다.

3. 논제의 설정 및 표현양식

정책토론에서 논제를 설정하고 표현하는 데는 지켜야 할 기본원칙이 있다. 이를 정리하면 다음과 같다.

먼저, 논제는 찬성측 제안이다. 응용토론에서 논제는 찬성측이 제안하는 의제가 논제로 설정된다. 찬성측은 주로 대안논제를 논제로 제안한다. 물론 아카데믹 토론에서는 논제가 주최 측에 의해 정해지며, 찬성측은 이를 지지하는 입장에 서게 된다. 예를 들어보자. 국민 해외여행이 크게 증가하면서 여행수지적자가 증가하는 문제가 발생했다고 가정해 보자. 문제를 해결하기 위해 찬성측은 내국인 해외여행자에게 세금의 일종인 출국세를 부과할 것을 제안한다. 바로 이 제안이 논제가 된다.

논제(찬성측 제안)
정부는 국민 해외여행자에게 출국세를 부과해야 한다.

둘째, 논제는 긍정문이다. 논제에 대한 입장을 분명하게 제시하기 위해서는 부정문보다는 긍정문으로 표현하는 것이 적합하다.

부정문으로 제시될 경우 찬성측의 지지입장과 반대측의 부정입장
이 혼동을 일으키기 쉽다. 예를 들어보자.

> **논제** 정부는 카지노사업을 추가로 허가해야 한다. (○)
> **논제** 정부는 카지노사업을 추가로 허가해서는 안 된다. (×)

셋째, 논제는 서술형이다. 명사형보다는 서술형으로 표현하는
것이 분명한 입장을 전달하는 데 적합하다. 논제가 동명사형 어미
로 끝나는 경우, 내용이 압축되어 의미 전달에서 혼동을 가져올 수
있다. 예를 들어보자.

> **논제** 정부는 카지노사업을 추가로 허가해야 한다. (○)
> **논제** 카지노사업 추가 허가하기 (×)

넷째, 논제는 가치중립적이다. 논제는 가치중립적으로 표현되어
야 한다. 논제가 찬성측이나 반대측 가운데 어느 한쪽에 유리하게
진술될 경우, 정책토론의 찬반 논쟁에서 공정성이 흔들릴 수 있다.
예를 들어보자.

> **논제** 정부는 카지노 사업에 대한 허가 총량제를 도입해야 한다. (○)
> **논제** 정부는 **사행성 사업**인 카지노 사업에 대한 허가 총량제를
> 도입해야 한다. (×)

위의 예서 보듯이, 논제에서 카지노 사업을 '사행성 사업'으로 설명하는 진술이 추가적으로 제시된 것을 볼 수 있다. 이렇게 제시된 논제는 반대측보다 찬성측에 유리하게 작용할 수 있다.

4. 쟁점

쟁점issue은 논제와 관련하여 경쟁적 논의가 이루어지는 문제를 말한다. 달리 말해, 논쟁거리라고 할 수 있다. 논제는 여러 가지 쟁점을 포함한다. 마치 글에는 대주제가 있고 그 안에 소주제들이 포함되어 있듯이 논제는 세부적인 쟁점들을 포함하고 있다.

일반적으로 논제가 포함하고 있는 쟁점들을 파악하기 위해서는 질문방식이 적용된다. 표6-1 에서 보듯이, 논제가 다루고 있는 문제는 무엇인지, 현 상황은 어떠한 상태인지, 문제를 해결하기 위해 정책대안이 필요한지 등의 질문을 던지고 이에 대한 답변에서 의견일치가 이루어지지 않을 때, 쟁점이 도출된다.

〈표 6-1〉 쟁점 도출 질문방식

논제: 공유경제사업육성을 위한 규제프리존을 지정해야 한다.
1. **질문: 공유경제사업은 무엇인가?** 답변: 공유경제사업은 나눔경제사업이다. vs. 반시장경제사업이다. 쟁점: 공유경제사업의 개념정의
2. **질문: 공유경제사업에 대한 사업규제가 심각한 수준인가?** 답변: 공유경제사업에 대한 사업규제가 심각하다. vs. 심각하지 않다. 쟁점: 공유경제사업의 문제인식
3. **질문: 공유경제사업육성을 위한 규제프리존을 지정해야 하는가?** 답변: 공유경제사업육성을 위한 규제프리존 지정을 지지한다. vs. 반대한다. 쟁점: 공유경제사업육성을 위한 정책대안의 시행여부

한편, 이러한 쟁점은 정책토론의 논제유형에 따라 다양하게 제시
된다. 앞서도 언급한 바와 같이, 사실논제에서는 개념정의, 문제인
식 등이 쟁점으로 제시되며, 가치논제에서는 개념정의, 가치판단
기준, 가치 간 우선순위 등이 쟁점으로 제시된다. 종합논제인 대안
논제의 경우에 가장 광범위한 쟁점들이 포함되며, 그중에서도 논쟁
이 이루어지는 핵심적인 쟁점을 필수쟁점으로 구분한다. 필수쟁점
에는 개념정의, 변화의 필요성, 정책대안의 실효성, 기대효과 등이
포함된다. 각 쟁점사항들을 정리하면 다음과 같다(표 6-2 참조).

〈표 6-2〉 필수쟁점

구 분	쟁점 내용
개념정의	논제에 포함된 개념정의에 대한 판단
변화의 필요성	문제인식과 변화의 필요성에 대한 판단
정책대안의 실효성	정책대안의 문제해결성과 실현가능성에 대한 판단
기대효과	정책시행이 가져올 예상비용 및 예상편익에 대한 판단

첫째, 개념정의이다. 논제에 포함된 주요 개념이 적정하게 규정되었는지가 쟁점이 된다. 여기서 정의definition는 개념을 언어로 표현한 용어의 의미를 규정하는 진술을 말한다. 정의는 내포적 속성과 외연적 범위를 기준으로 한다. 예를 들어, '인간은 사회적 동물이다'라는 정의에 인간은 '사회적'이라는 속성과 '동물'이라는 외연적 범위가 포함되어 있다. 또한 개념정의에서 중요한 것은 관점이다. 어떠한 입장에서 개념을 정의하느냐에 따라 그 속성과 범위가 크게 달라질 수 있기 때문이다. 예를 들어 공유경제사업을 경제적 관점에서 보느냐 혹은 사회적 관점에서 보느냐에 따라 쟁점이 발생할 수 있다. 쟁점분류에서 보면, 개념정의는 필수쟁점인 동시에 기본쟁점basic issue에 해당된다. 왜냐하면 개념정의는 모든 논제에 포함된 공통적인 쟁점이기 때문이다.

둘째, 변화의 필요성이다. 문제가 어떠한 상태인지를 확인함으로써 새로운 변화의 필요성을 판단하는 것이 쟁점이 된다. 현 상황에서 문제는 얼마나 중대하고, 문제는 얼마나 지속될 것인지, 그리고 문제는 얼마나 시급성을 갖는지 등에 대한 확인이다. 한마디로, 문제인식에 대한 판단이다. 정책토론에서 문제는 사회문제이다. 사회문제는 사회제도의 결함이나 모순으로부터 발생하는 문제로 경제문제, 교육문제, 환경문제, 안보문제, 관광문제 등을 들 수 있다. 문제인식은 이러한 문제의 유의성, 지속성, 긴급성 등에 대한 판단이다. 바로 이 지점에서 찬성측과 반대측의 입장이 부딪치면서 논쟁이 이루어진다. 문제인식이 잘못되면 아무리 훌륭한 정책대안이 제시된다고 해도 문제해결에 실패할 수밖에 없다. 참고로, 문제인식이 잘못되어서 발생하는 오류를 제3종 오류type 3 error라고 한다.

셋째, 정책대안의 실효성이다. 제안된 정책대안의 실효성effectiveness은 정책대안이 갖고 있는 문제해결가능성solvency과 실현가능성feasibility을 말한다. 정책대안policy alternatives은 문제해결을 위해 채택 가능한 정책방안을 말한다. 여기서 문제해결가능성은 제안된 정책대안이 과연 현재의 문제를 해결할 수 있을지에 대한 판단이다. 예를 들어 국립공원인 설악산에 케이블카를 설치하는 것이 과연 지역경제를 살리고 국립공원을 보호하는 데 최선의 선택인지를 평가하는 것이다. 이와 달리 실현가능성은 제안된 정책대안이 과연 실행될 수 있는가에 대한 판단이다. 재정적인 면이나 기술적인 면, 법제도, 정부 간 협력, 주민의 지지, 그리고 사회적 인식 등이 정책대안의 실행에 영향을 미치는 조건들이다. 바로 이러한 정책대안의 실효성에 대한 판단에서 쟁점이 발생한다.

넷째, 기대효과이다. 정책대안의 시행이 가져올 예상비용estimated cost과 예상편익estimated benefit을 판단하는 것이 쟁점이 된다. 주로 경제성 중심으로 평가가 이루어지나, 필요에 따라서는 사회문화적 영향으로까지 평가의 범위가 확대될 수 있다. 예를 들어 공유경제형 숙박사업지원프로그램 도입을 정책대안으로 제안할 경우, "공유경제형 숙박사업으로 얼마나 많은 일자리를 창출할 것으로 기대하는가?"라는 질문에 대해 찬성측에서는 "신규 일자리가 20만 여 개가 생길 것으로 예상한다"라고 답변할 수 있을 것이다. 하지만 반대측은 "기존 업계의 일자리를 오히려 빼앗을 것으로 예상되어 실질적인 일자리 창출은 기대하기 어렵다"고 판단할 수 있다. 바로 이 지점에서 쟁점이 발생한다.

제7장

찬성측

이 장에서는 찬성측에 대해 알아본다. 찬성측은 논제의 제안자이며 지지자이다. 찬성측은 현 상황의 문제를 인식하고 그 해결방안을 제안하며, 청중에게 자신의 논리를 설득하는 역할을 담당한다. 그러므로 정책토론을 준비하기 위해서는 찬성측에 대한 이해가 필요하다. 이를 위해 이 장에서는 찬성측이 누구인지에 대해 정의해 보고, 찬성측이 지닌 입증의 부담에 대해 정리해 본다. 이어서 찬성측이 입증의 부담을 덜기 위한 기본 전략인 사례구축에 대해서 살펴본다.

1. 찬성측의 개념

찬성측은 논제의 제안자이다. 대안논제를 설정할 경우, 찬성측은 현 상황을 변화시켜야 한다는 입장을 갖는다. 물론 아카데믹 토론에서 찬성측은 주어진 논제를 지지하는 입장에 서게 된다. 그런 의미에서 아카데믹 토론에서 찬성측은 논제의 지지자다.

정책토론에서는 논제에 대해 두 가지 입장만이 존재한다. 하나는 현 상황status quo을 변화시키자는 입장이며, 다른 하나는 현 상황을 유지하자는 입장이다. 정책토론에서 양시론 혹은 양비론은 허용되지 않는다. 오직 찬반 양측의 입장으로 대립되어 논쟁을 펼치는 것이 정책토론의 원칙이다.

그림 7-1 에서 보듯이, 정책토론의 구조에서 찬성측은 논제를 놓고 반대측과 대립하게 된다. 찬성측은 논제의 제안자 혹은 지지자로서 자기주장이 정당하다는 것을 보여주어야 한다. 찬성측은 현 상황이 지닌 문제의 중대성과 해악을 제시해야 하며, 문제를 해결하기 위한 대안을 제안해야 한다.

아카데믹 토론에서는 찬성측과 반대측이 주최측에 의해 배정된다. 주로 추첨방식이 적용된다. 그러므로 토론자들은 비록 본인들이 생각하는 실제 의견과는 다르더라도 찬성측이나 반대측 어느 편에서도 토론할 수 있는 준비를 미리 해야 한다.

정리하면, 정책토론에서 찬성측affirmative side은 '주어진 논제에 대하여 지지하는 주장을 제시하며 이를 정당화하기 위해 경쟁적으로 논의하는 자'라고 할 수 있다. 참고로, 원어 'affirmative'의 의미를 그대로 살려 긍정측으로 번역하기도 한다.

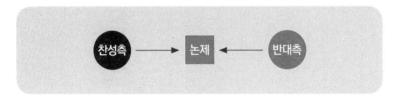

[그림 7-1] 정책토론의 구조

2. 입증의 부담

찬성측은 논제의 제안자 혹은 지지자로서 논제에 대하여 지지주장을 제시하고, 그 정당성을 논리적으로 증명해야 할 책임을 갖는다. 이를 입증의 부담burden of proof이라고 한다. 앞서 논증에서 다루었던 것처럼 자신의 주장이 정당하다는 것을 증명하기 위해서는 올바른 단언과 이를 뒷받침하는 적절한 증거와 추론이 제시되어야 한다. 한마디로, 지지논리의 제시이다. 이를 통해 찬성측은 입증의 부담을 덜게 된다.

찬성측은 크게 세 단계를 거쳐 입증의 부담을 해결한다. 입론-교차조사-반론의 단계다.

먼저, 입론constructive의 단계다. 입론은 찬성과 반대 양측이 자신의 입장을 표명하고 자기주장을 제시하는 과정이다. 찬성측은 입론 단계에서 논제를 지지하는 주장을 제시하고 이를 정당화함으로써 입증의 부담을 덜어낸다. 입론에서 제시되는 주장에는 필수 쟁점이 반드시 포함되어야 한다.

다음으로, 교차조사cross examination의 단계다. 교차조사는 찬성측과 반대측 간에 질문과 답변을 통해 상대방의 입론 내용을 확인하고 검증하는 과정이다. 찬성측은 교차조사 단계에서 반대측이 제시한 주장에 대한 질문을 통해 입증의 부담을 덜어낸다.

다음으로, 반론rebuttal의 단계다. 반론은 상대방이 제시하는 주장과 자기주장을 비교함으로써 자기주장의 강점을 강화하고 마무리하는 과정이다. 찬성측은 반론단계에서 반대측의 주장과 자신의 주장을 포괄적으로 비교하고 이를 토대로 자기주장의 우위를 부각시킴으로써 입증의 부담을 덜어낸다.

3. 찬성측의 사례구축

찬성측이 입증의 부담을 덜어내기 위한 사전 전략으로 사례구축 case building이 제시된다.

사례구축은 찬성측이 자기주장의 정당성을 증명하기 위해 쟁점별 주장을 구성하는 활동이다. 여기서 사례^{case}는 '쟁점별 주장들의 조합'을 말한다. 앞서 다루었던 바와 같이, 쟁점^{issue}은 '논제와 관련하여 경쟁적 논의가 이루어지는 문제'를 의미하며, 주장^{argument}은 '자신의 의견을 전달하는 언어적 진술들의 조합'을 말한다.

사례구축은 기본적으로 세 단계를 거쳐 이루어진다.

1단계는 논제해석이다. 논제의 유형화와 논쟁방향에 대한 모색이 이루어지는 단계이다. 찬성측 토론자는 논제가 사실논제인지, 가치논제인지, 대안논제인지를 분명히 구분해야 한다. 이를 기반으로 하여 논쟁방향이 설정된다.

2단계는 쟁점 선정이다. 논쟁의 대상이 되는 쟁점을 선정하는 단계이다. 대안논제를 설정할 경우, 쟁점 선정에서 우선적으로 고려해야 할 것이 필수쟁점이다. 이와 함께 논제에 따라 제기되는 고유의 쟁점들에 대해서도 모색해야 한다. 따라서 찬성측은 자기주장의 정당성을 확보하기 위해 최선의 쟁점을 선정해야 한다.

3단계는 쟁점별 주장구성이다. 2단계에서 선정된 쟁점별로 주장을 구성하는 단계이다. 주장구성에서는 쟁점별로 단언과 이를 뒷받침하는 추론과 증거를 준비해야 한다. 추론으로는 이론, 법칙,

원칙 등이 제시되며, 증거로는 자료, 정보, 사례, 증언 등이 제시된다.

예를 한번 들어보자. "정부는 설악산 국립공원에 케이블카 설치를 허용해야 한다"가 논제로 설정되었다고 가정하고 이를 위한 찬성측의 사례구축을 제시해 본다.

1단계는 찬성측이 논제를 해석하는 과정이다. 예시된 논제인 "정부는 설악산 국립공원에 케이블카 설치를 허용해야 한다"에 대하여 논제의 유형은 무엇인지, 논쟁방향은 어떻게 할지를 설정해야 한다. 논제유형은 당연히 케이블카 설치 여부에 관한 대안논제라고 할 수 있으며, 논쟁방향은 설악산 국립공원 주변 지역경제가 현재 갖고 있는 문제를 해결하기 위해 케이블카 설치방안을 제안하는 것으로 설정한다.

2단계는 찬성측이 논쟁에 필요한 쟁점을 선정하는 과정이다. 예시된 논제인 "정부는 설악산 국립공원에 케이블카 설치를 허용해야 한다"에서 필수쟁점을 도출하는 것이 우선적으로 필요하고, 이를 질문법으로 진술해 본다. 먼저, 논제가 포함하는 주요 용어인 국립공원에 대한 개념정의를 쟁점으로 구성한다. 다음으로 변화의 필요성이다. 설악산 국립공원 주변 지역경제가 안고 있는 문제가 얼마나 심각한지를 확인하고 이를 해결하기 위해 현 상황에 대한 변화가 필요한지가 쟁점이 된다. 다음으로, 정책대안의 실효성이다. 케이블카를 국립공원에 설치하는 것으로 문제해결이 가능한지, 케이블카 설치로 인한 환경에 대한 부정적 영향을 최소화할 수 있는지, 관련 법규나 기술기준에는 적합한지 등이 쟁점이 된다. 다음으로, 기대효과이다. 케이블카 설치를 통해 지역경제에 얼마나 긍정적인 효과를 가져올 수 있는지, 이로 인해 예상되는 비용은 어느 정도인지 등이 쟁점이 된다.

3단계는 쟁점별로 주장을 구성하는 과정이다. 앞서 2단계에서 선정된 쟁점별로 각각의 주장을 구성하는 단언과 이를 뒷받침하는 증거와 추론을 제시한다. 쟁점별로 살펴보면, 먼저 첫 번째 쟁점인 개념정의에서는 "국립공원은 국가가 관리하는 자연공원이다"가 단언으로 제시되며, 이를 뒷받침하는 증거로 법적 정의, 학술적 정의, 사전적 정의 등이 제시된다. 두 번째 쟁점인 변화의 필요성에서는 "국립공원 주변 지역경제문제가 심각하다"가 단언으로 제시되고, 증거로 설문조사 자료, 정부 통계자료 등이 제시된다. 세 번째 쟁점인 정책대안의 실효성에서는 "케이블카 설치로 지역경제문제를 해결할 수 있으며, 케이블카 설치가 친환경적 기술방식으로 시행될 수 있다"가 단언으로 제시되며, 추론으로 지속가능한 개발이론 및 친환경기술이론 등이 제시된다. 또한 증거로 국내 및 해외 사례 등이 제시된다. 네 번째 쟁점인 기대효과에서는 "지역경제사업 활성화 및 고용창출 확대를 예상한다"가 단언으로 제시되며, 추론으로 경제적 타당성분석이론이 제시된다. 또한 증거로 비용편익 분석결과, 델파이분석결과 등이 제시된다.

이를 정리하면 표7-1 과 같다.

〈표 7-1〉 찬성측 사례구축

논제: '정부는 설악산 국립공원에 케이블카 설치를 허용해야 한다.'

1단계: 논제해석 ➡ 논제 유형화 및 논쟁 방향 설정
1. 논제 유형: 대안논제(케이블카 설치 여부)
2. 논쟁 방향: 정책대안 제시(국립공원 지역경제문제 해결)

2단계: 쟁점 선정 ➡ 쟁점 선정 및 질문 구성
1. 쟁점: 개념정의
   질문: 국립공원의 개념은 무엇인가?
2. 쟁점: 변화의 필요성
   질문: 지역경제문제는 과연 변화가 필요할 만큼 심각한가?
3. 쟁점: 정책대안의 실효성
   질문: 케이블카 설치는 지역경제문제를 해결할 수 있는가?
4. 쟁점: 기대효과
   질문: 케이블카 설치로 지역경제발전에 얼마나 긍정적 효과가 예상되나?

3단계: 쟁점별 주장구성 ➡ 쟁점별 주장 요소 구성
1. 쟁점: 개념정의
   단언: 국립공원은 국가가 관리하는 자연공원이다.
   증거: 법적 정의, 학술적 정의, 사전적 정의 등
2. 쟁점: 변화의 필요성
   단언: 국립공원 주변 지역경제문제가 심각하다.
   증거: 설문조사 자료, 정부 통계자료 등
3. 쟁점: 정책대안의 실효성
   단언: 케이블카 설치는 친환경적 기술방식으로 시행될 수 있다.
   추론: 지속가능한 개발이론 및 친환경기술이론
   증거: 국내 및 해외 성공사례
4. 쟁점: 기대효과
   단언: 지역경제사업 활성화 및 고용창출 확대를 예상한다.
   추론: 경제적 타당성분석이론
   증거: 비용편익분석결과, 델파이분석결과 등

제8장

반대측

이 장에서는 반대측에 대해 알아본다. 반대측은 찬성측이 제시하는 주장의 모순을 찾아내고 이를 반박하며 청중에게 자신의 반대논리를 제시하는 역할을 담당한다. 그러므로 정책토론을 준비하기 위해서는 반대측에 대한 이해가 필요하다. 이를 위해 이 장에서는 반대측이 누구인지에 대해 정의해 보고, 반대측이 지닌 반증의 부담에 대해 정리해 본다. 이어서 반대측이 반증의 부담을 해결하기 위한 기본 전략인 반박전략에 대해서 살펴본다.

1. 반대측의 개념

반대측은 현 상황을 유지하려는 입장을 갖는다. 그러므로 현 상황을 변화시키려는 찬성측의 제안에 대해 반대하는 입장에 서게 된다.

그림 8-1 에서 보듯이, 정책토론의 구조에서 반대측은 논제의 제안자 혹은 지지자인 찬성측과 대립하게 된다. 여기에서 다시 한번 변증법의 논리로 돌아가보면, 현재의 상태를 변화시키고자 하는 찬성측이 정의 입장에 서고, 역으로 현재의 상태를 유지하고자 하는 반대측이 반의 입장에 선다.

실제 응용토론의 예를 살펴보면, 우선 법정토론의 경우 피의자가 유죄라는 것을 주장하는 검사가 찬성측이 되며, 이에 대해 무죄를 주장하는 변호인이 반대측이 된다. 법정토론에서 무죄추정의 원칙이 적용된다는 점을 고려할 때, 'A는 유죄다'라고 주장하는 검사 측이 이를 입증해야 할 책임을 지닌다. 이를 반박하는 책임은 변호인 측에 있다.

의회토론의 경우 법을 개정하거나 제정하자는 쪽이 찬성측이 되고, 현재의 상태를 유지하자는 쪽이 반대측이 된다. 현재의 상태로는 문제를 해결하기 어렵다는 것을 입증해야 할 책임이 찬성측에 있다. 반면에 반대측은 현재의 상태를 유지하는 것이 유리하다는 입장에 서게 된다. 이를 정치적 성향으로 보면, 진보와 보수의 구분이 이루어진다. 이 경우 찬성측이 진보가 되고 반대측이 보수가 된다.

한편, 아카데믹 토론에서 반대측은 실제 자신의 의견이 아니라 대회의 규칙에 따라 정해진다. 그러므로 토론자들은 어떠한 입장에 서게 될지 모르기 때문에 찬반 양측의 입장을 모두 고려하여 사전에 충분히 준비할 필요가 있다.

정리하면, 정책토론에서 반대측negative side은 '주어진 논제에 대해 반대하는 주장을 제시하며 이를 정당화하기 위해 경쟁적으로 논의하는 자'라고 할 수 있다. 참고로, 원어 'negative'의 의미를 그대로 살려 부정측으로 번역하기도 한다.

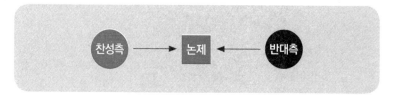

[그림 8-1] 정책토론의 구조

2. 반증의 부담

반대측은 논제에 대하여 반대주장을 제시하고, 그 정당성을 논리적으로 증명할 책임을 갖는다. 이를 반증의 부담burden of disproof 이라고 한다. 앞서 변증법에서 다루었던 모순과 대립의 원리가 적용된다. 우선, 반대측은 찬성측 주장의 모순을 밝혀내야 한다. 그리고 자기주장의 정당성을 증명해야 한다. 자기주장의 정당성을 증명하기 위해서 반대측은 찬성측과 마찬가지로 올바른 단언과 이를 뒷받침하는 적절한 추론과 증거를 제시해야 한다. 한마디로, 반대논리의 제시이다. 이를 통해 반대측은 반증의 부담을 덜어낸다.

현실적으로 어떠한 사실이 참인 것을 증명하기는 어렵다. 예를 들어 "백조는 희다"라는 사실을 증명하기 위해 흰 백조를 계속 찾아다니는 것과 같은 논리이다. 언제까지 찾아야 모든 백조가 희다는 것을 증명할 수 있겠는가? 결국, 악마의 증명Devil's Proof이라는 덫에 걸릴 수밖에 없다. 이 용어는 중세시대 유럽의 법정에서 유래되었다. 악마가 없다는 것을 증명할 것인가, 혹은 악마가 있다는 것을 증명할 것인가에 대한 선택의 문제이다. 현실적으로 악마가 없다는 사실을 증명하는 것은 불가능하다. 대신에 악마가 있다는 것을 증명하기는 쉽다. 그 이유는 악마를 단 한번이라도 만난다면 악마가 있다는 것을 증명할 수 있기 때문이다.

같은 맥락에서 볼 때, 찬성측이 현 상태를 변화시켜야 할 필요가 있다는 것을 증명하기는 쉽지 않다. 이에 반해 반대측은 찬성측 주장이 지닌 논리적 오류와 허점 그리고 약점 등을 밝혀내어 이를 반박하면 되는 것이다. 어디 한 곳에서라도 모순이 발견된다면 찬성측의 입장은 흔들리게 된다.

반증의 부담을 덜기 위해서는 크게 세 단계를 거친다.

먼저, 입론constructive의 단계다. 입론 단계에서 반대측은 논제에 반대하는 입장을 분명히 표명해야 한다. 또한 찬성측이 제시한 사례구축에서 쟁점별 주장이 적절하게 구성되었는지를 분석해야 한다. 반대측의 입론은 찬성측의 주장이 지닌 모순을 바탕으로 반대 논리를 제시하는 과정이라는 점을 명심할 필요가 있다. 이러한 입론 단계를 거쳐 반대측은 반증의 부담을 덜어낸다.

다음으로, 교차조사cross examination의 단계다. 교차조사 단계에서 반대측은 질문을 통해 찬성측의 입론이 지닌 모순을 노출시킴으로써 반증의 부담을 덜어낸다. 특히 반대측은 찬성측이 답변에서 스스로 자기주장의 논리적 오류, 허점, 약점 등을 시인하도록 유도할 수 있어야 한다.

다음으로, 반론rebuttal의 단계다. 반론단계에서 반대측은 찬성측의 주장과 자신의 주장을 비교하면서 자기주장의 강점을 확인하고 강화해야 한다. 다시 말해, 이길 수 있는 입지를 확보하는 과정이다. 이러한 반론단계를 거쳐 반대측은 반증의 부담을 최종적으로 덜어내게 된다.

3. 반대측의 반박전략

반대측이 반증의 부담을 덜어내기 위해서는 반박전략rebuttal strategy을 구축해야 한다. 찬성측의 사례구축에 맞서는 기본적인 전략이다.

반박전략은 크게 두 부분으로 구분된다. 하나는 '사례 반박'on-case rebuttal이고, 다른 하나는 '사례외 반박'off-case rebuttal이다. 사례 반박은 찬성측이 사례구축을 통해 제시한 주장을 반박하는 전략을 말한다. 사례 주장을 직접 반박한다는 의미에서 이를 직접반박이라고도 한다. 이에 반해 사례외 반박은 찬성측이 제시하는 사례 주장을 반박하는 것이 아니라, 그 외의 쟁점들을 제시함으로써 반박한다. 찬성측이 제시하는 주장에 대한 반박이 아닌 반대측이 제시하는 고유의 주장이다. 그런 의미에서 사례외 반박을 간접반박이라고도 한다.

먼저, **사례 반박**을 살펴보면 다음과 같다.

우선, 사례 반박에서는 찬성측이 제시하는 쟁점들을 확인하고, 쟁점별 주장에 대한 분석이 이루어진다. 쟁점분석에서는 기본적으로 필수쟁점들이 모두 포함되었는지부터 확인한다. 찬성측이 제시하는 필수쟁점은 개념정의, 변화의 필요성, 정책대안의 실효성, 기대효과 등으로 구성된다. 그 밖에 논제에서 특별히 요구되는 쟁점이 포함되었는지에 대해서 확인해야 한다. 다음으로, 쟁점별 주장 분석에서는 찬성측이 제시하는 주장이 제대로 증명되었는지에 대한 확인이 필요하다. 단언과 이를 뒷받침하는 증거와 추론에 대한 검토가 이루어져야 한다. 즉 찬성측의 주장이 지닌 논리적 오류, 허점, 약점 등을 밝혀냄으로써 찬성측 주장을 직접적으로 반박하는 활동이 이루어진다.

다음으로, **사례외 반박**이다. 앞서 기술한 바와 같이 사례외 반박은 간접반박을 의미하며, 불이익, 대체방안, 비판 등이 쟁점이 된다.

먼저, 불이익disadvantages이다. 불이익은 찬성측이 제시하는 정책대안의 효과가 부정적이라는 주장을 제시함으로써 찬성측 주장을 반박하는 반대측의 쟁점이다. 크게 연결과 영향력을 기준으로 주장이 제시된다. 연결에서는 '정책대안-기대효과'의 관계에서 연결전환이 이루어지면서 주장이 제시된다. 즉 이에 대해 반대측은 '정책대안-불이익'의 관계를 제시해야 한다. 또한 이 같은 연결이 구조적 형태를 갖기도 한다. 예를 들어 "복지증진을 위해 법인세를 인상해야 한다"는 논제가 제시되었을 때, 반대측은 찬성측이 제기한 '법인세인상-복지증진'의 관계를 '법인세인상-기업활동위축-불이익'의 관계로 구조화하여 불이익의 문제를 쟁점으로 제기해야 한다. 이를 연결전환link turn이라고 한다. 영향력에서는 정책대안의 효과가 반대로 전환되면서 쟁점이 제기된다. 예를 들어 찬성측이 담뱃값 인상으로 서민층의 담배소비지출이 감소할 것으로 예상하는 반면에, 반대측은 오히려 이 때문에 서민층의 담배소비지출이 증가할 것으로 예상할 수 있다. 담뱃값 가격과 담배소비지출 간의 직접적인 인과관계에 대한 대립이다. 반대측은 '담뱃값 인상-담배소비지출 감소(-)'의 관계를 '담뱃값 인상-담배소비지출 증가(+)'의 관계로 영향력의 방향을 전환하면서 불이익의 문제를 쟁점으로 제기해야 한다. 이를 영향력전환impact turn이라고 한다.

다음으로, 대체방안counterplan이다. 찬성측이 제시하는 정책대안과 대립되는 다른 방안을 제시함으로써 찬성측 주장을 반박하는 반대측의 쟁점이다. 반대측은 찬성측이 제시하는 '변화의 필요성-정책대안-기대효과'의 관계에서 대체방안이 정책대안보다 더 나은 방안이라는 점을 제시해야 한다. 여기에서 지켜야 할 기본원칙이 있다. 우선, 대체방안은 찬성측이 제시하는 정책대안과 충돌할 수 있어야 한다. 예를 들어, 찬성측이 청년일자리대책으로 해외인턴제도 도입을 주장한다면, 반대측은 해외인턴제도 대신에 청년창업지원대책이 필요하다는 주장을 펼침으로써 찬성측의 정책대안과 충돌할 수 있어야 한다. 소위 '~ 대신에' 전략이다. 또한 대체방안은 정책대안과는 다른 영역의 대책이어야 한다. 달리 말해, 논제관련성이 없어야 한다. 대체방안이 찬성측이 제시한 정책대안의 확장이나 축소 혹은 부분적인 변경이어서는 의미가 없다. 예를 들어, 해외인턴제도 대신에 국내인턴제도나 단기어학프로그램 지원 등이 제시된다면, 대체방안으로서는 의미가 없다. 그 이유는 찬성측이 그러한 대체방안들을 자신의 정책대안으로 수용하겠다고 하면 그만이기 때문이다. 이러한 전략을 찬성측의 변경alteration 이라고 한다. 그러므로 대체방안은 논제에서 제시된 정책대안의 영역과는 다른 영역의 대안이어야 한다. 소위 아이디어경쟁idea competition이 이루어진다.

다음으로, 비판critiques이다. 찬성측 주장이 내포하는 기본전제에 대해 반박하는 반대측의 쟁점이다. 이때 기본전제는 가치나 이념 등을 말한다. 기본전제는 암묵적이라는 특징을 지닌다. 명시적으로 제시되지 않는 것이 일반적이다. 그러므로 찬성측이 제시한 주장에 사용된 언어에 대한 해석interpretation을 통해 확인할 수 있어야 한다. 예를 들어 찬성측이 재래시장보호를 위해 대규모 유통시설의 진입을 금지해야 한다는 주장을 펼칠 때, 이러한 찬성측의 주장에 대해 반대측은 찬성측이 정부의 시장개입주의의 입장을 기본전제로 하고 있다는 점을 쟁점으로 삼을 수 있다. 소위 가치적 비판이다. 또한 찬성측의 주장에서 표현된 각종 용어에 대해서도 비판적 논쟁이 이루어질 수 있다. 예를 들어 찬성측이 '엘리트 코스를 밟은 청년들'이 창업에 나설 수 있도록 정부가 도와야 한다는 주장을 펼칠 때, '엘리트 코스를 밟은 청년들'이라는 언어적 표현에서 비판적 쟁점critical issue이 제기될 수 있다.

이상의 반박전략을 정리하면 표8-1과 같다.

〈표 8-1〉 **반대측의 반박전략**

유 형	전략 구성
사례 반박	• 쟁점분석 　– 개념정의 　– 변화의 필요성 　– 정책대안의 실효성 　– 기대효과 • 쟁점별 주장분석 　– 단언 　– 증거 　– 추론
사례외 반박	• 불이익(disadvantages) 　– 연결전환 　– 영향력전환 • 대체방안(counterplan) 　– 아이디어경쟁 • 비판(critiques) 　– 언어 해석 　– 비판적 쟁점

거버넌스 시대의
공공커뮤니케이션 정책토론

제 4 부

정책토론의
단계별 구성과 전략

4부에서는 정책토론의 단계별 구성과 전략에 대해서 알아본다. 앞서 제1부 정책토론의 기초에서 살펴본 바와 같이 정책토론은 아카데믹 토론을 기본모형으로 하고 있다. 4부에서는 교차조사식 토론(CEDA Debate)의 기본형식을 적용하여 정책토론의 단계별 구성과 전략에 대해 정리해 본다. 먼저, 정책토론의 첫 번째 단계인 입론에 대해서 알아보고, 두 번째 단계인 교차조사에 대해서 정리해 본다. 이어서 정책토론의 마지막 단계인 반론에 대해서 살펴본다.

거버넌스 시대의
공공커뮤니케이션 정책토론

제9장

입론

이 장에서는 입론에 대해서 알아본다. 입론은 정책토론의 과정에서 첫 번째 단계이다. 입론에서 찬반 양측의 주장이 제시되며, 이에 대한 공격과 방어 그리고 역공격을 통한 논쟁이 이루어진다. 그러므로 정책토론에서 상대방을 논리적으로 이기기 위한 전략을 구축하기 위해서는 입론에 대한 이해가 필수적으로 요구된다. 이를 위해 이 장에서는 입론의 개념을 정의하고, 입론의 구성에 대해서 살펴본다. 이어서 찬반 양측의 입론전략을 정리해 본다.

1. 입론의 개념

입론은 찬반 양측이 각각 자신의 주장을 제시하는 과정이다. 논제에 대한 입장 표명과 쟁점별 주장이 제시된다. 찬반 양측은 입론을 통해 논제에 대하여 지지하는 입장인지, 혹은 반대하는 입장인지를 분명하게 나타낼 수 있어야 한다.

토론의 전체적인 방향이 입론에서 결정된다. 그런 의미에서 입론을 발제 혹은 기조발언이라고도 한다. 입론은 단순히 자신의 입장만을 표명하는 것이 아니라 증명이 확보된 주장을 제시한다는 점에서 그 중요성을 지닌다. 입론에서 제시되는 주장은 반드시 정당성이 확보되어야 한다.

입론은 정책토론의 과정에서 첫 번째 단계이다(그림 9-1 참조). 입론 이후에 교차조사와 반론이 이어진다. 찬성측과 반대측이 모두 입론을 제시한다. 순서로는 찬성측이 먼저 지지입론을 제시하고 이어서 반대측이 반대입론을 제시한다. 뒤이어 전개되는 교차조사를 통해 서로 상대방의 주장에 대한 확인과 검증이 이루어진다.

입론 단계에서 필요한 찬반 양측의 진술활동을 살펴보면, 먼저 찬성측은 입증의 부담을 덜어내야 한다. 이를 위한 전략이 사례구축case building이다. 사례구축을 통해 논제를 해석하고 이와 관련된 쟁점을 선정하고 주장을 구성할 수 있어야 한다. '논제해석-쟁점선정-쟁점별 주장구성'의 과정이다. 이러한 일련의 과정이 찬성측 입론의 핵심이다.

마찬가지로, 입론단계에서 반대측은 반증의 부담을 덜어내야 한다. 이를 위한 전략이 반박전략rebuttal strategy이다. 찬성측의 사례 구축 전략에 맞서는 전략이다. 반대측은 찬성측이 제시하는 사례 주장에 대해 반박하고, 반대측의 고유한 주장인 사례외 반박이 제시되어야 한다. 앞서 기술하였듯이, 사례외 반박은 불이익, 대체방안, 비판 등과 같은 사례외 쟁점들에 대한 주장이다. 이러한 사례외 반박이 반대측 입론의 핵심이다.

정리하면, 정책토론에서 입론constructive은 '주어진 논제에 대하여 찬성과 반대 양측이 자신의 입장을 표명하고 각기 자신의 주장을 제시하는 과정'이라고 할 수 있다. 입론-교차조사-반론으로 이루어진 정책토론의 과정에서 첫 번째 단계이다.

[그림 9-1] **정책토론의 과정**

2. 입론의 구성

입론은 도입부–중심부–종결부의 세 단계로 구성된다. 이는 글쓰기의 서론–본론–결론과 같다. 하지만 글쓰기와 달리 토론은 말로 의견을 전달한다는 점에서 고유한 특징을 지닌다. 현장성, 즉시성, 전달성 등에서 글쓰기와 말하기는 차이가 있다. 그럼에도 불구하고, 진술의 전개과정은 유사성을 지닌다. 입론의 구성을 단계별로 살펴보면, 다음과 같다.

첫째, 도입부의 단계다. 도입부는 찬반 양측이 자신의 입장을 표명하고, 입론의 방향을 설정하는 과정이다. 찬성측과 반대측의 진술활동을 살펴보면, 먼저 찬성측은 도입부에서 논제에 대한 지지입장을 표명하고, 입론의 방향을 제시한다. 주요 구성요소로는 입장제시, 개념정의, 개요 등을 들 수 있다. 입장제시는 논제에 대한 자신의 입장을 표명하는 진술을 말한다. 예를 들어 "저희 팀은 ~에 대하여 지지합니다"와 같이 자신의 지지입장이 분명하게 드러나야 한다. 개념정의는 논제에 포함된 주요 용어에 대한 규정을 말한다. 개념정의를 통해 논제에 포함된 주요 용어의 의미를 분명히 제시해야 한다. 개요는 중심부에서 다룰 내용을 미리 소개하는 과정이다. 소위 로드맵road map이 제시되어야 한다. 예를 들어 "저는 크게 세 가지 논점으로 나누어 의견을 제시하고자 합니다"와 같이 방향 소개를 함으로써 이후에 이어지는 발표에 대한 청중의 사유공간을 미리 확보할 수 있다.

다음으로, 반대측은 찬성측과 마찬가지로 논제에 대한 반대입장을 표명하고 입론의 방향을 제시한다. 주요 구성요소로는 입장제시, 개념정의, 개요 등이 포함된다. 입장제시는 논제에 대한 반대측의 입장을 표명하는 진술을 말한다. 개념정의에서는 찬성측이 제시하는 주요 개념 정의에 대한 수용여부가 중요하다. 만일 찬성측의 개념정의를 수용하지 않을 경우 쟁점이 발생하게 된다. 개요는 중심부에서 다룰 내용을 미리 소개하는 과정이다. 찬성측이 사례 주장을 제시하는 것과는 달리, 반대측은 사례외 주장에 초점을 맞춘다.

둘째, 중심부의 단계다. 중심부는 찬반 양측이 쟁점별로 주장을 제시하는 과정이다. 먼저, 찬성측은 사례 주장을 제시해야 한다. 사례 주장은 반드시 필수쟁점을 포함해야 한다. 그중에서도 '변화의 필요성-정책대안의 실효성-기대효과'가 핵심쟁점으로 제시된다. 먼저, 변화의 필요성을 제기하기 위해서는 문제의 중대성과 해악에 대한 판단이 이루어져야 한다. 예를 들어 "이 문제는 ~에서 볼 수 있는 바와 같이 매우 심각합니다"와 같이 문제의 중대성에 관한 주장이 제시될 수 있다. 다음으로, 정책대안과 관련해서는 해결가능성과 실현가능성이 중요하다. 문제해결에 어떻게 기여할 수 있는지를 제시하는 주장을 포함한다. 예를 들어 "환경친화적 기술의 단계적 적용을 통해 문제를 해결할 수 있습니다"와 같이 적절한 해결방식이 제시될 수 있어야 한다. 또한 기대효과가 제시되어야 한다. 문제를 해결함으로써 예상되는 긍정적 효과를 말한다. 예를 들어 "문제해결을 통해 1,500개의 새로운 일자리 창출이 예상됩니다"와 같이 구체적인 기대효과가 제시될 수 있어야 한다.

다음으로, 반대측은 앞서 언급한 바와 같이, 사례외 주장을 우선적으로 제시해야 한다. 사례외 주장은 반대측이 제시하는 고유의 주장이다. 불이익, 대체방안, 비판 등이 주요 쟁점이다. 불이익에서는 찬성측이 제시하는 예상편익과 달리 예상비용이 크다는 점을 주장해야 한다. 대체방안에서는 찬성측의 대안과 다른 해결방안이 제시되어야 한다. 즉 찬성측의 대안과는 논제관련성이 없어야 한다. 논제관련성은 정책영역을 기준으로 한다. 여기서 유의할 점은 반대측이 대체방안을 제시할 경우, 반대측은 단순히 찬성측 주장을 반박하는 것에 그치는 것이 아니라 대체방안의 정당성을 입증해야 할 부담이 생긴다. 즉 역할전환role conversion이 이루어진다. 그러므로 대체방안을 증명할 수 있는 근거를 충분히 확보해야 한다. 한편 비판은 찬성측의 주장이 내포하고 있는 기본전제에 대한 반박이다. 가치, 이념, 사고방식 등에 대한 반박이 제기된다.

셋째, 종결부의 단계다. 종결부는 찬반 양측이 입론을 마무리하는 과정이다. 주요 구성요소로는 요약과 결어를 들 수 있다. 요약에서는 중심부에서 제시되었던 논점들을 간략하게 정리한다. 결어에서는 입론을 마무리하는 최종 진술이 제시된다. 입론의 결어에서는 주로 앞서 중심부에서 제시된 주장을 강화하는 진술이 제시된다. 예를 들어 "다시 한번 강조하면, ~"과 같은 연결어가 사용된다.

3. 찬반 양측의 입론전략

표9-1 에서 보듯이, 교차조사식 토론에서 찬성측과 반대측은 각각 두 번의 입론 기회를 갖는다. 찬성측 첫 번째 발언자 입론(찬1입)-반대측 첫 번째 발언자 입론(반1입)-찬성측 두 번째 발언자 입론(찬2입)-반대측 두 번째 발언자 입론(반2입)의 순이다. 입론전략을 찬성측과 반대측의 순서로 살펴본다.

〈표 9-1〉 교차조사식 토론의 진행표(입론)

순서	구분
1	찬성측 첫 번째 발언자 입론(찬1입)
2	반대측 두 번째 발언자 교차조사(반2교)
3	반대측 첫 번째 발언자 입론(반1입)
4	찬성측 첫 번째 발언자 교차조사(찬1교)
5	찬성측 두 번째 발언자 입론(찬2입)
6	반대측 첫 번째 발언자 교차조사(반1교)
7	반대측 두 번째 발언자 입론(반2입)
8	찬성측 두 번째 발언자 교차조사(찬2교)
9	반대측 첫 번째 발언자 반론(반1반)
10	찬성측 첫 번째 발언자 반론(찬1반)
11	반대측 두 번째 발언자 반론(반2반)
12	찬성측 두 번째 발언자 반론(찬2반)

1) 찬성측 입론전략

찬성측은 논제의 제안자 혹은 지지자로서 앞서 기술한 바와 같이 입증의 부담을 갖는다. 다시 말해, 자기주장의 정당성을 증명해야 할 책임을 갖는다. 찬성측이 입증의 부담을 덜기 위해서는 크게 세 단계를 거쳐야 한다. 입론-교차조사-반론의 과정이다. 이 가운데 첫 번째 단계가 입론이다.

입론 단계에서 찬성측은 두 번의 입론 기회를 갖는다. 그러므로 이에 대한 적절한 역할배분role allocation이 필요하다. 일반적으로 찬성측 첫 번째 입론은 본입론main constructive, 두 번째 입론은 보충입론supplementary constructive으로서의 역할을 담당한다. 각 입론 단계별 전략을 정리하면 다음과 같다.

(1) 찬성측 첫 번째 발언자 입론(찬1입)

찬성측 첫 번째 발언자 입론(찬1입)은 찬성측이 제시하는 본입론의 과정이다. 전체 토론과정에서 첫 번째 순서이다. 그러므로 찬1입에서 찬성측은 초두효과primacy effect를 활용할 수 있어야 한다. 초두효과는 먼저 제시된 정보가 나중에 제시된 정보보다 더욱 강력한 영향력을 미치는 현상을 말한다. 우선 찬1입에서는 논제에 대한 찬성측의 지지 입장이 제시되며, 쟁점별 주장이 총괄적으로 제시된다. 주요 입론전략은 다음과 같다.

첫째, **입론방향 설정하기**다. 찬성측 입론의 도입부에 해당된다. 찬성측은 논제에 대한 입장을 표명하고, 입론의 방향을 설정해야 한다. 입장제시, 개념정의, 개요 등이 주요 구성요소이다. 입장제시에서는 논제에 대한 지지입장을 분명하게 제시해야 한다. 개념정의는 논제에 포함된 주요 용어에 대한 정의로 논제에 대한 찬성측 해석을 분명하게 진술해야 한다. 개요는 찬성측이 입론에서 다루는 쟁점별 주장, 즉 논점에 대해 미리 소개하는 진술이다. 소위 로드맵road map이 제시되어야 한다. 로드맵을 제시할 때는 순서 매기기numbering가 필요하다. 첫째, 둘째, 셋째처럼 번호를 매겨 로드맵을 제시함으로써 논리의 체계성을 강화할 수 있다.

둘째, **지지논리 구축하기**다. 지지논리 구축하기의 기본은 주장의 정당성 확보이다. 찬성측은 쟁점별 주장을 구성하는 단언과 이를 논리적으로 뒷받침하는 확실한 증거와 추론을 준비해야 한다. 찬1입에 이어 반대측 교차조사가 진행된다는 점을 고려하여 자료, 정보, 사례, 증언, 관련 법규, 이론, 법칙 등이 준비되어야 한다. 예를 들어, "최근 케이블카 사업은 국립공원의 새로운 매력요소로 인정받고 있으며 방문객을 유치하는 데 큰 역할을 하고 있습니다. 특히 친환경적 기술이 적용되면서 국립공원의 지속가능성을 유지할 수 있습니다. 이러한 성공사례로는 캐나다 밴프 국립공원, 호주 블루마운틴 국립공원 등을 들 수 있습니다"와 같이 구체적인 근거를 제시함으로써 주장의 정당성을 확보할 수 있다.

(2) 찬성측 두 번째 발언자 입론(찬2입)

찬성측 두 번째 발언자 입론(찬2입)은 찬성측이 제시하는 보충입론의 과정이다. 찬2입은 반대측 두 번째 발언자 교차조사(반2교)와 반대측 첫 번째 발언자 입론(반1입) 그리고 찬성측 첫 번째 발언자 교차조사(찬1교) 이후 다섯 번째 순서에 이루어진다. 그러므로 찬2입은 찬1입과는 달리 반대측의 공격에 대해 충분히 방어하고 이를 역공격할 수 있어야 한다. 역공격은 지지논리의 확장으로 이어진다. 주요 전략을 정리하면 다음과 같다.

첫째, 반대측 공격 방어하기다. 찬2입에서는 반대측의 공격을 방어할 수 있어야 한다. 반대측의 두 번째 발언자 교차조사(반2교)와 첫 번째 발언자 입론(반1입)에서 제기된 반박에 대해 분명하게 답변하는 것이 중요하다. 증거와 추론을 추가로 제시할 뿐만 아니라 찬1입에서 이미 제시된 근거를 보충함으로써 지지논리를 강화할 수 있다. 근거를 보충하기 위해서는 정부나 권위적인 기관의 자료, 정보, 사례, 연구결과 등 새로운 증거나 추론을 제시하는 것이 필요하다. 예를 들어, "세계관광기구UNWTO는 최근 정책보고서에서 지속가능한 관광개발로 자원의 보전과 지역사회경제발전이 동시에 달성될 수 있다는 조사결과를 발표하였습니다. 물론, 지역마다 조건이 다를 수 있겠으나 지속가능한 개발의 성과를 실증적으로 확인해 줍니다"라고 반대측 공격을 방어함으로써 주장의 정당성을 보강할 수 있다.

둘째, **반대측 공격 역공격하기다.** 찬2입에서는 반대측의 공격에 대해 단순히 방어만 하는 것이 아니라 이를 역공격하는 전략이 중요하다. 반대측이 제기한 사례 반박을 방어하면서 반대측이 제시한 사례외 주장을 공격해야 한다. 예를 들어 "반대측은 케이블카가 친환경기술이라는 점에 문제점을 지적하고 불이익이 예상이익보다 크다고 지적하였습니다. 하지만 반대측은 그 근거를 과거 국내에서 실패했던 사례만을 제시하고 있습니다. 그러나 반대측 주장과는 달리 최근 케이블카 사업은 최소한의 시설공사와 함께 소음방지 기술이 적용됨으로써 친환경기술로 진화하고 있습니다. 앞서 첫 번째 입론에서 제시하였던 호주 블루마운틴 국립공원의 경우 이 같은 친환경적 케이블카 시설로 환경보전에 성공적으로 대응하고 있습니다"라고 반대측의 공격을 역공격함으로써 지지논리를 확장할 수 있다.

2) 반대측 입론전략

반대측은 앞서 기술한 바와 같이 찬성측의 주장에 반대하는 주장을 제시하고 이를 논리적으로 증명할 책임을 갖는다. 반증의 부담이다. 입론에서 반대측이 반증의 부담을 덜기 위해서는 찬성측의 주장을 반박하고, 지지논리에 대응하는 반대논리를 제시할 수 있어야 한다.

반대측은 찬성측과 마찬가지로 두 번의 입론 기회를 갖는다. 첫 번째 입론은 본입론, 두 번째 입론은 보충입론의 역할을 담당한다. 따라서 이에 대한 적절한 역할배분이 필요하다. 각 단계별 전략을 정리하면 다음과 같다.

(1) 반대측 첫 번째 발언자 입론(반1입)

반대측 첫 번째 발언자 입론(반1입)은 반대측이 제시하는 본입론의 과정이다. 찬성측 첫 번째 발언자 입론(찬1입)과 반대측 두 번째 발언자 교차조사(반2교) 이후 세 번째 순서에 이루어진다. 반1입에서는 반대측의 반대논리가 총괄적으로 제시되어야 한다. 하지만 찬1입이 먼저 제시되었기 때문에 찬성측 주장이 지닌 문제점을 공격하면서 동시에 자신의 반대논리를 제시하는 전략이 필요하다. 이때 앞서 수행된 반2교의 결과를 활용할 수 있어야 한다. 주요 전략을 살펴보면 다음과 같다.

첫째, **입론방향 설정하기**다. 반대측 입론의 도입부에 해당된다. 반대측은 논제에 대한 입장을 표명하고, 입론의 방향을 설정해야 한다. 찬성측과 마찬가지로 입장제시, 개념정의, 개요 등이 주요 구성요소이다. 입장제시에서는 논제에 대한 반대입장을 분명하게 제시해야 한다. 개념정의는 앞서 찬1입에서 찬성측이 제시한 개념정의에 대해 반대측의 대립되는 해석이 있을 경우, 이를 쟁점으로 부각해야 한다. 개요는 반대측이 입론에서 다루는 사례 반박과 사례외 반박에 대해 미리 소개하는 진술이다. 소위 로드맵(road map)이 제시되어야 한다. 특히, 반대측은 찬성측과 달리 상대방의 사례 주장에 대한 반박과 자신의 고유 주장인 사례외 반박의 개요를 모두 포괄하기 때문에 압축하는 능력이 필요하다.

둘째, **반대논리 구축하기**다. 반대측은 찬성측의 지지논리를 쟁점별로 분석하고 이에 맞서는 자신의 반대논리를 제시할 수 있어야 한다. 반1입에서 반대측은 먼저 찬성측이 제시한 사례 주장에 대한 반박에 초점이 맞추어진다. 주로 필수쟁점을 중심으로 반박이 이루어진다. 이어서 반대측의 사례외 주장이 제시되어야 한다. 반대측이 제시하는 가장 중요한 사례외 쟁점이 불이익이다. 불이익을 제기함으로써 찬성측의 주장을 흔들 수 있어야 한다. 찬성측의 정책대안이 문제를 해결하는 데는 적합하지 않으며, 해결가능성이 있다고 하더라도 예상비용이 예상편익보다 크다는 점을 지적할 수 있어야 한다. 또 다른 사례외 쟁점으로 제시되는 것이 대체방안이다. 대체방안을 통해 반대논리의 고유성을 보여줄 수 있어야 한다. 대체방안을 제시할 때 유의할 점은 대체방안은 논제관련성이 없어야 한다는 것이다. 그렇지 않으면, 오히려 찬성측으로부터 역공격을 당할 수 있다.

(2) 반대측 두 번째 발언자 입론(반2입)

반대측 두 번째 발언자 입론(반2입)은 반대측이 제시하는 보충입론의 과정이다. 찬성측의 두 번째 발언자 입론(찬2입) 그리고 반대측 첫 번째 발언자 교차조사(반1교) 이후 일곱 번째 순서에 이루어진다. 반2입 이후 반대측 첫 번째 발언자 반론(반1반)이 연결되어 제기된다. 이를 반대측 블록negative block이라고 한다. 따라서 반2입과 반1반의 역할배분이 필요하다. 일반적으로 반2입에서는 찬성측의 공격을 방어하고 이를 역공격함으로써 반대논리를 확장하는 데 초점이 맞추어진다. 반면에, 반1반에서는 상대방의 취약점을 찾아내어 이를 집중적으로 공격하는 전략이 제시된다. 반2입의 주요 전략은 다음과 같다.

첫째, **찬성측 공격 방어하기다.** 반2입에서는 먼저 찬성측의 공격을 방어할 수 있어야 한다. 찬성측 두 번째 발언자 입론(찬2입)에서 제기된 문제점에 대해 분명하게 답변하는 것이 중요하다. 반대측의 방어는 찬성측이 공격하는 불이익과 대체방안에 주로 초점이 놓인다. 예를 들어 "찬성측은 우리 팀이 제기한 케이블카 사업이 가져올 환경문제에 대해 환경훼손은 최소화할 수 있으며, 환경훼손이 발생하더라도 얼마든지 극복할 수 있다고 답변하고 있습니다. 하지만 인도네시아의 열대우림 개발사례에서 볼 수 있듯이 한번 파괴된 자연은 회복이 어렵다는 사실에 주목할 필요가 있습니다. 단기적 이익을 위해 장기적 불이익을 감수할 수는 없습니다"라고 주장함으로써 찬성측의 공격을 방어할 수 있어야 한다.

둘째, 찬성측 공격 역공격하기다. 반2입에서는 단순히 방어만 하는 것이 아니라 역공격하는 것이 중요하다. 찬성측이 제기한 문제점에 대한 답변을 통해 역으로 반대논리를 확장할 수 있어야 한다. 찬성측은 반대측이 제기하는 불이익, 대체방안, 비판 등을 반박할 수 있다. 반대측은 이에 대한 공격을 방어해야 하며, 또한 이를 통해 역공격을 시도해야 한다. 하지만 모든 문제를 방어하기보다는 이 가운데 하나를 선택하여 집중적으로 방어하는 전략이 필요하다. 예를 들어, "찬성측은 저희 팀이 대체방안으로 제안한 고랭지농업체험관광사업이 새로운 방안이 아니며 이미 유사한 정책이 시행되고 있다고 지적하였습니다. 특히 국립공원 방문자의 수요변화를 충분히 반영하지 못하고 있다고 지적하였습니다. 하지만 알고 계십니까? 최근 국립공원 방문자들이 기대하는 것이 무엇인지? 최근 국립공원 방문자는 다양한 방문체험을 기대하고 있습니다. 고랭지농업체험관광사업은 바로 이러한 방문자의 수요변화에 대응하는 새로운 지역경제사업이라는 특징을 지닙니다"라고 찬성측의 공격을 역공격함으로써 반대논리를 확장할 수 있다.

거버넌스 시대의
공공커뮤니케이션 정책토론

제10장

교차조사

이 장에서는 교차조사에 대해서 알아본다. 교차조사는 정책토론의 과정에서 중간단계이다. 입론에서 상대방이 제시한 주장의 모순을 질문을 통해 확인하고 검증하는 과정이다. 그러므로 정책토론에서 상대방을 논리적으로 이기기 위한 전략을 구축하기 위해서는 교차조사에 대한 이해가 필수적으로 요구된다. 이를 위해 이 장에서는 먼저 교차조사의 개념을 정의하고, 교차조사의 구성에 대해서 살펴본다. 이어서 찬반 양측의 교차조사 전략을 정리해 본다.

1. 교차조사의 개념

교차조사는 찬반 양측이 상대방이 제시한 주장을 점검하는 과정이다. 그림10-1에서 보는 바와 같이, 교차조사는 '입론-교차조사-반론'의 과정에서 두 번째 단계에 해당된다. 엄밀하게는 찬반 양측이 제기한 각각의 입론 다음에 교차조사가 진행된다. '입론-교차조사'가 4회 반복적으로 진행되고, 그 이후에 반론이 진행된다.

[그림 10-1] 정책토론의 과정

교차조사에서는 질문자가 진행을 주도한다. 다시 말해, 질문자가 질문의 주도권을 가지며, 상대방의 답변활동을 통제할 수 있다. 이를 교차조사권cross-examination right이라고 한다. 입론이나 반론이 토론자의 입장을 서술형으로 진술하는 과정인 데 반해, 교차조사는 상대방 주장의 모순을 밝히기 위해 질문형으로 진술하는 과정이다. 그런 의미에서 교차조사는 토론과정에서 가장 역동적인 과정이라고 할 수 있다.

교차조사에서 이루어지는 찬반 양측의 진술활동을 살펴보면, 먼저 찬성측은 입론이나 반론뿐만 아니라 교차조사를 통해 입증의 부담을 덜어낸다. 찬성측은 반대측이 입론에서 제시한 주장의 모순을 질문을 통해 확인하고 검증한다. 반대측이 제시하는 사례와 반박을 분석하고 이를 뒷받침하는 근거를 질문을 통해 점검하는 과정이다. 한마디로, 입증의 부담을 질문으로 덜어내는 과정이다.

마찬가지로, 반대측도 교차조사를 통해 반박의 부담을 덜어낸다. 반대측은 찬성측이 제시한 사례 주장을 분석하고 질문을 통해 찬성측 주장의 모순을 밝혀낸다. 한마디로, 반증의 부담을 질문으로 덜어내는 과정이다.

정리하면, 정책토론에서 교차조사cross-examination는 '찬성과 반대 양측이 입론에서 상대방이 제시한 주장의 모순을 질문을 통해 확인하고 검증하는 과정'이라고 할 수 있다. 입론—교차조사—반론으로 이루어진 정책토론의 과정에서 두 번째 단계이다.

2. 교차조사의 구성

교차조사는 크게 질문하기와 답변하기로 구성된다. 이를 정리하면 다음과 같다.

1) 질문하기

질문하기asking는 상대방의 주장을 공격할 수 있는 가장 효율적인 방법이다. 구태여 상대방과 대립하는 반대논리를 세우지 않고도 상대방이 스스로 자기주장의 모순을 드러내게 하고 이를 확인할 수 있기 때문이다. 질문으로 상대방 주장의 논리적 오류, 허점, 약점 등을 알아내는 것이다. 특히 질문은 상대방을 긴장상태로 몰아갈 수 있기 때문에 답변과정에서 상대방이 의도하지 않게 자기 주장의 모순을 드러내게 할 수 있다. 또한 교차조사권을 갖고 있는 측에서는 상대방의 답변 시간, 분량, 순서 등을 전략적으로 통제함으로써 상대방을 제압할 수 있다. 그러므로 질문하기는 고도의 심리전술이라고도 할 수 있다.

질문하기는 크게 세 단계로 이루어진다. '영역설정하기-방향유인하기-충돌유도하기'의 과정이다. 이를 정리하면 다음과 같다.

첫째, 영역설정하기zone setting다. 상대방의 논리적 오류, 허점, 약점 등을 밝히기 위해 질문의 영역을 설정하기 위한 질문전략이다. 기본적인 질문전략이라고 할 수 있다. 예를 들어 "케이블카 설치로 기대되는 효과에 대한 질문입니다. 찬성측은 케이블카 설치가 지역발전에 미치는 긍정적 경제효과가 크다고 하셨습니다. 맞습니까?"와 같이 질문의 영역을 폐쇄형 질문으로 제기한다. 이를 통해 청중이나 심사자가 어느 부분에 대한 질문인지를 충분히 알 수 있게 해준다. 이때 상대방을 순간적으로 압박하고 청중이나 심사자의 관심을 끌 수 있어야 한다.

둘째, 방향유인하기direction leading다. 영역설정하기에서 열어놓은 내용적 범위로부터 구체적인 문제로 유인해 가는 질문전략이다. 일명 몰아넣기 전략이다. 예를 들어, 위의 질문에 대해 상대방이 "예, 맞습니다"라고 대답했다면, 이어서 "케이블카 설치로 인한 경제효과 측정에서 경제효과가 외부로 빠져나가는 누출효과leakage effect에 대해서는 고려하셨습니까? 이에 대해 예, 아니요로 답해 주시기 바랍니다"와 같이 사실관계를 확인하는 추가적인 질문을 통해 상대방을 구체적인 문제로 유인한다.

셋째, 충돌유도하기conflict causing다. 유도질문을 통해 상대방이 자기주장의 모순을 스스로 인정하게 만드는 전략이다. 일명 충돌 시키기 전략이다. 예를 들어 위의 질문에 대해 상대방이 만일 "아 니요"라고 답변했다면, 유도질문에서는 "그렇다면 케이블카 설치 로 인한 긍정적 경제효과가 과장되었다는 점을 인정하시는 것인가 요?"라고 질문함으로써 상대방이 앞서 진술한 내용과 충돌하도록 유도한다.

2) 답변하기

답변하기answering는 토론과정에서 매우 제한된 방어과정이라고 할 수 있다. 교차조사권을 상대방이 가지고 있기 때문이다. 대개의 질문이 개방형이 아닌 폐쇄형 질문으로 제시되기 때문에 "예 혹은 아니요"와 같은 양자 선택형 답변을 할 수밖에 없다는 점에서 제한 이 있다. 한마디로, 응답자는 스스로 답변을 진술할 수 있는 전략 적 지형이 넓지 않다.

답변하기에는 크게 두 가지 원칙이 적용된다.

첫째, 일관성의 원칙이다. 답변하는 측은 자신들이 입론에서 제시한 주장의 내용을 그대로 진술함으로써 답변의 신뢰성을 확보할 수 있어야 한다. 교차조사에서는 입론 단계에서 이미 제시된 주장과 다른 답변을 제시하는 것은 잘못된 일이다. 그 자체만으로도 논리적 모순을 인정하는 셈이 되기 때문이다. 반드시 입론에서 제시된 내용을 바탕으로 답변할 수 있어야 한다. 예를 들어 "케이블카 설치로 지역경제에 미치는 긍정적 효과가 크다고 진술하였는데 맞습니까?"라는 질문에 "예, 그렇게 진술하였습니다"라고 답변함으로써 앞서 진술한 내용에 근거하여 일관성 있게 답변하고 있음을 보여줄 수 있어야 한다. 경우에 따라서는 "예, 지역 일자리 창출에 기여한다는 점에서 긍정적 효과를 진술하였습니다"와 같이 부연 진술을 통해 질문자의 질문범위를 제한할 수 있다. 하지만 질문자가 교차조사권을 갖고 있기 때문에 그렇게 답변하기가 쉽지 않다.

둘째, 대응성의 원칙이다. 대응성은 질문에 대한 응답자의 대응 능력을 말한다. 대응성은 답변의 타당성, 적정성, 적시성 등을 포함하는 포괄적 개념이다. 질문에 따라 답변 내용이 정확해야 하며, 답변의 양이 너무 길지도 않고 짧지도 않고 적당해야 한다. 또한 답변의 시점이 적절해야 한다. 예를 들어 "그렇다면 케이블카 설치로 인한 긍정적 경제효과가 과장되었다는 점을 인정하시는 거지

요. 맞습니까?"라는 질문에 "예 혹은 아니요"라고 즉답하기 어렵다면, "그렇지 않습니다. 누출효과는 그렇게 간단하게 답변할 수 있는 문제가 아니라고 생각합니다. 공급여건에 대한 검토가 함께 이루어져야 하기 때문입니다"라고 답변함으로써 다음 발언에서 이 문제에 대해 답변할 것이라는 방어의 여지를 미리 확보해 놓는 전략이 필요하다. 물론, 이 경우에도 질문자는 교차조사권을 통해 응답자의 답변을 미리 봉쇄할 것이다. "질문에 대해 예, 아니요로만 대답해 주시기 바랍니다"라고.

3. 찬반 양측의 교차조사 전략

정책토론에서 찬성측과 반대측은 각각 두 번의 교차조사 기회를 갖는다. 표10-1 에서 보듯이, '반대측 두 번째 발언자 교차조사(반2교)-찬성측 첫 번째 발언자 교차조사(찬1교)-반대측 첫 번째 발언자 교차조사(반1교)-찬성측 두 번째 발언자 교차조사(찬2교)'의 순이다. 교차조사에서는 입론과 달리 반대측의 교차조사가 찬성측보다 먼저 이루어진다. 이에 따라 이 절에서는 교차조사 전략을 반대측과 찬성측의 순서로 살펴본다. 특히 교차조사 전략에서 핵심 요소인 질문하기 전략을 중심으로 살펴본다.

순서	구분
1	찬성측 첫 번째 발언자 입론(찬1입)
2	반대측 두 번째 발언자 교차조사(반2교)
3	반대측 첫 번째 발언자 입론(반1입)
4	찬성측 첫 번째 발언자 교차조사(찬1교)
5	찬성측 두 번째 발언자 입론(찬2입)
6	반대측 첫 번째 발언자 교차조사(반1교)
7	반대측 두 번째 발언자 입론(반2입)
8	찬성측 두 번째 발언자 교차조사(찬2교)
9	반대측 첫 번째 발언자 반론(반1반)
10	찬성측 첫 번째 발언자 반론(찬1반)
11	반대측 두 번째 발언자 반론(반2반)
12	찬성측 두 번째 발언자 반론(찬2반)

1) 반대측 교차조사 전략

⑴ 반대측 두 번째 발언자 교차조사(반2교) 질문

반대측 두 번째 발언자 교차조사(반2교)는 반대측이 제기하는 첫 번째 교차조사이다. 찬성측 첫 번째 발언자 입론(찬1입) 이후 두 번째 순서로 이루어진다. 찬성측 입론에서는 찬성측의 지지논리가 제시된다. 즉 찬성측의 지지 입장을 뒷받침하는 사례 주장이 제시된다. 반대측은 이를 확인하고 검증하는 질문을 제기해야 한다. 주요 전략을 정리하면 다음과 같다.

첫째, 찬성측 지지논리 검증하기다. 찬성측 첫 번째 발언자 입론(찬1입)에 대한 검증이 이루어진다. 찬1입은 찬성측의 본입론으로

·찬성측이 제시하는 사례 주장이 포괄적으로 다루어진다. 따라서 교차조사에서는 모든 것을 다 다룰 수는 없으며, 제한된 시간을 적절하게 사용하기 위해 범위를 좁혀 초점을 맞추는 것이 필요하다. 일반적으로 두 가지 쟁점에 초점이 맞추어진다. 하나는 개념정의이고, 다른 하나는 정책대안의 실효성이다. 먼저, 찬성측의 개념정의를 확인하고 검증한다. 예를 들어 "국립공원의 정의에서 자연보전의 요소가 포함되었습니다. 맞습니까? 그런데 문제인식에서는 자연환경보전 문제가 진술되지 않고 있습니다. 맞습니까? 그렇다면 문제인식의 편향성이 지적될 수 있습니다. 동의하십니까?"라는 몰아넣기 질문으로 개념정의와 문제인식의 문제를 동시에 다룰 수 있다. 다음으로, 찬성측이 제시하는 정책대안의 실현가능성을 확인하고 검증한다. 예를 들어 "케이블카 설치에서 고려해야 할 자연보호를 위한 보호종에 대한 대응을 사전에 고려할 것이라고 하셨습니다. 맞습니까? 대상지역에 법정보호종이 몇 종이나 있는지 알고 계십니까? 그곳에 서식하고 있는 하늘다람쥐를 아십니까?"라는 충돌유도하기 질문으로 찬성측 주장의 정당성을 흔들 수 있다.

둘째, 반대측 입론 입지 사전확보하기다. 반2교 이후 반대측 첫 번째 발언자 입론(반1입)이 이루어진다. 그러므로 반2교에서는 단순히 찬성측 입론에서 제시된 주장의 모순을 확인하고 검증하는 데 그치는 것이 아니라 다음 순서에서 이루어질 반대측 입론의 입지를 사전에 확보할 수 있어야 한다. 반1입에서는 주로 사례와 반박이 이루어지며, 그 가운데 불이익에 초점을 맞춘다는 점을 고려할 때, 반1교에서 반대측은 찬성측이 제시하는 기대효과가 지닌 문제점을 드러내는 질문을 제시해야 한다. 기대효과를 뒷받침하는 증거는 어디에 있는지, 그 증거는 확실한지, 이를 뒷받침하는 추론은 무엇인지, 단언의 단서는 어떤 것이 있는지 등을 확인함으로써 찬성측 주장을 흔들어야 한다. 예를 들어 "찬성측은 향후 고령자 사회로 진입하면서 국립공원 이용수요도 변화할 것으로 진술하였습니다. 그 자료의 출처는 어디입니까? 자료의 조사시기는 언제입니까?"와 같은 몰아넣기 질문으로 상대방 주장의 정당성을 기초부터 흔들어 반대측 입론을 위한 입지를 사전에 확보할 수 있어야 한다.

(2) 반대측 첫 번째 발언자 교차조사(반1교)

반1교는 찬성측 두 번째 발언자 입론(찬2입) 이후 여섯 번째 순서로 이루어진다. 찬2입에서는 주로 찬성측의 지지논리가 확장된다. 따라서 반2교에서는 찬성측이 제시하는 확장된 논리에 대해 질문을 집중해야 한다. 또한 반1교 이후에 이루어지는 반대측 두 번째 발언자 입론(반2입)에서 제시될 반대측 주장의 입지도 사전에 확보해야 한다. 주요 전략을 정리하면 다음과 같다.

첫째, **찬성측 지지논리 재검증하기**다. 찬2입에 대한 검증이 이루어진다. 찬2입은 찬성측의 보충입론으로 찬1입에서 제시된 지지논리를 확장하는 데 초점이 놓인다. 따라서 반1교에서는 우선 찬성측의 확장된 지지논리를 재검증해야 한다. 예를 들어 "케이블카 사업을 통해 환경보전과 지역경제활성화를 동시에 이루어낸 성공사례로 호주 블루마운틴 국립공원을 들 수 있습니다"라는 찬성측의 보충적 예시가 제시되었을 경우, 반대측은 "호주 블루마운틴 국립공원 케이블카 사업의 성과에 대한 자료는 가지고 계십니까? 출처는 어디입니까? 조사시기는 언제인가요?"과 같은 몰아넣기 질문으로 찬성측이 제시한 증거의 확실성을 검증해야 한다.

둘째, **반대측 보충입론 입지 사전확보하기.** 반1교 이후 반대측 두 번째 발언자 입론(반2입)이 이루어진다. 따라서 반2교에서는 단순히 찬성측 입론에서 제시된 주장의 모순을 확인하고 검증하는 데 그치는 것이 아니라 다음 순서에서 이루어질 반2입의 입지를 사전에 확보할 수 있어야 한다. 대개 반2입에서는 반1입에서 제기했던 논점을 확장하거나 새로운 쟁점을 추가적으로 제시한다. 반2교에서는 이에 대한 입지를 사전에 확보할 수 있는 질문을 제기하는 것이 전략적으로 중요하다. 예를 들어 찬성측 주장에 대한 비판을 추가적으로 제기하려는 경우 반대측은 질문으로 문제영역을 미리 확보할 수 있다. "찬성측의 주장은 지속가능한 개발이론을 근거로 제시하고 있습니다. 맞습니까? 하지만 내용적으로는 개발연대 시대의 성장이론과 근본적인 차이점을 발견하기 어렵습니다. 이 점을 인정하십니까?"라는 몰아넣기 질문으로 반2입에서 다루려는 반대측의 공격을 위한 입지를 사전에 확보할 수 있다.

2) 찬성측 교차조사 전략

(1) 찬성측 첫 번째 발언자 교차조사(찬1교)

찬1교는 찬성측이 제기하는 첫 번째 교차조사다. 반대측 첫 번째 발언자 입론(반1입)에 이어서 네 번째 순서에 이루어진다. 반대측 입론에서는 반대측의 반대논리가 제시된다. 즉 반대측의 반대 입장을 뒷받침하는 사례 반박과 사례외 반박이 제기된다. 또한 이를 뒷받침하는 증거와 추론이 제시된다. 찬성측은 이를 확인하고 검증하는 질문을 제기해야 한다. 주요 전략을 정리하면 다음과 같다.

첫째, **반대측 반대논리 검증하기**다. 반1입에 대한 검증이 이루어진다. 반1입은 반대측의 본입론으로 반대측이 제시하는 반대주장이 포괄적으로 이루어진다. 찬1교에서는 일반적으로 반대측이 다루는 두 가지 쟁점에 초점이 맞추어진다. 하나는 기본쟁점이고, 다른 하나는 사례외 쟁점이다. 먼저, 기본쟁점인 반대측의 개념정의를 확인하고 검증한다. 예를 들어 "반대측은 국립공원의 정의에서 공원이용 및 지역주민의 생활요소를 포함한 것이 맞습니까? 그런데 문제인식에서는 지역주민의 생활문제에 대해서는 제시되지 않고 있습니다. 맞습니까? 오직 공원의 환경문제에만 집중하여 지역주민문제를 간과하고 있다는 점을 지적할 수 있습니다. 동의하십니까?"라는 충돌유도하기 질문으로 문제점을 검증할 수 있다. 다음으로, 사례외 쟁점과 관련해서는 주로 반대측이 제기한 불이익에 초점이 맞추어진다. "정책대안이 가져오는 예상비용이 크다고 지적하셨습니다. 맞습니까? 그 근거는 무엇입니까? 출처를 밝혀 주시기 바랍니다"와 같은 몰아넣기 질문으로 반대측의 반대논리를 흔들 수 있다.

둘째, **찬성측 보충입론 입지 사전확보하기다.** 찬1교 이후 찬성측 두 번째 발언자 입론(찬2입)이 이루어진다. 그러므로 찬1교에서는 단순히 반대측 입론에서 제시된 주장의 모순을 확인하고 검증하는 데 그치는 것이 아니라 다음 순서에서 이루어질 찬성측 보충입론의 입지를 사전에 확보할 수 있어야 한다. 대개 찬2입에서는 찬성측의 지지논리 확장이 이루어진다. 찬성측이 제시한 정책대안의 해결가능성을 강화하는 데 초점이 맞추어진다. 그러므로 찬1교에서는 반대측 주장의 모순을 밝혀냄으로써 문제해결 가능성의 논리적 정당성을 더욱 확고하게 할 수 있어야 한다. 다시 말해, 반대측이 제기한 불이익의 근거를 검증함으로써 찬성측이 제시하는 정책대안이 우위를 확보할 수 있도록 지원해야 한다. 예를 들어 "반대측은 교차조사에서 케이블카 설치가 환경파괴를 가져온다는 증거를 제시하지 못했습니다. 그러므로 예상비용이 예상편익보다 크다는 주장은 논리적으로 정당하지 않습니다"라고 주장함으로써 교차조사와 찬성측의 보충입론을 논리적으로 연결시킬 수 있다.

(2) 찬성측 두 번째 발언자 교차조사(찬2교)

찬2교는 반대측 두 번째 발언자 입론(반2입) 이후 여덟 번째 순서에 이루어진다. 찬2교에 이어서 반대측 첫 번째 발언자 반론(반1

반)이 연결된다. 찬2교에서는 반대측이 보충입론에서 확장시킨 사례외 반박 논리에 대한 검증이 우선적으로 이루어진다. 동시에 반1반의 입지를 사전에 제한하는 질문을 준비해야 한다. 이를 통해 반대측에 주어진 연속적인 발언기회인 반대측 블록을 흔들 수 있어야 한다. 주요 전략을 정리하면 다음과 같다.

첫째, **반대측 반대논리 재검증하기다.** 반대측 두 번째 발언자 입론(반2입)에 대한 검증이 이루어진다. 반2입은 반대측의 보충입론으로 주로 반1입에서 제시된 반대논리를 확장하는 데 초점이 놓인다. 따라서 찬2교에서는 우선적으로 반대측의 확장된 반대논리를 집중적으로 다루어야 한다. 반대측은 이미 제시된 사례외 반박 논리 가운데 하나를 선택하여 논리를 확장하거나 새로운 논점을 제시하려고 한다. 따라서 찬성측은 이에 대한 논리적 정당성을 집중 검증해야 한다. 예를 들어 "반대측은 고랭지농업체험관광사업을 대체방안으로 제시하였습니다. 맞습니까? 그렇다면 이미 농업관광사업이 시행되어 왔다는 사실도 알고 계신가요? 이 두 제도는 유사한 것으로 보입니다. 이 두 사업에 차이가 있습니까?" 등과 같은 충돌유도하기 질문으로 대체방안의 고유성을 흔들어야 한다.

둘째, **반대측 반론 입지 사전차단하기다.** 찬2교에서는 반2입에 대한 질문과 함께 다음 순서인 반1반의 입지를 사전에 제한하는 검증을 시도해야 한다. 반1반에서는 주로 찬성측의 지지논리를 종합

적으로 분석하고 가장 큰 취약점을 집중적으로 반박하며 자기주장
의 논리적 강점을 강화하는 것이 일반적이다. 그러므로 찬2교에서
찬성측은 자신의 지지논리를 방어하고 반대측의 반대논리를 공격
하는 높은 수준의 질문전략이 필요하다. 하지만 교차조사는 앞에
서 제시된 상대방의 입론 내용을 벗어나서 질문할 수는 없다는 점
에서 한계를 지닌다. 무엇보다도 자신의 지지논리를 방어하는 차
원에서 반대측이 반2입에서 제기한 사례 반박에 대해 점검해야 한
다. 예를 들어 "반대측은 예상이익이 과대 추정되었다는 근거로 누
출효과를 지적하였습니다. 맞습니까? 그러면 해당 지역에서 발생
할 수 있는 누출효과를 판단할 수 있는 근거를 가지고 계십니까?
있다면, 그 출처는 어디입니까? 조사시기는 언제입니까?" 등과 같
은 몰아넣기 질문으로 반대논리의 정당성을 흔들어놓고 역으로 자
기주장의 정당성을 강화할 수 있어야 한다.

거버넌스 시대의
공공커뮤니케이션 정책토론

제11장

반론

이 장에서는 반론에 대해서 알아본다. 반론은 정책토론의 과정
에서 마지막 단계이다. 찬반 양측이 자신의 주장을 최종적으로 강
화하고 마무리하는 과정이다. 논점반박, 비교분석, 주장강화 등을
통한 논쟁이 이루어진다. 그러므로 정책토론에서 상대방을 논리적
으로 이기고 궁극적으로는 청중의 지지를 얻기 위한 전략을 구축
하기 위해서는 반론에 대한 이해가 필수적으로 요구된다. 이를 위
해 이 장에서는 반론의 개념을 정의하고, 반론의 구성에 대해서 살
펴본다. 이어서 찬반 양측의 반론전략을 정리해 본다.

1. 반론의 개념

반론은 정책토론의 과정에서 마지막 단계다. 그림11-1 에서 보는
바와 같이, 입론과 교차조사의 단계를 거친 이후에 이루어진다. 반

대측 첫 번째 발언자가 먼저 반론을 하고 이어서 찬성측 첫 번째 발언자의 반론이 이어진다. 찬반 양측은 각각 두 번의 반론기회를 갖는다. 입론과 달리 반론에서는 교차조사가 이루어지지 않는다.

[그림 11-1] 정책토론의 과정

반론에서 찬반 양측은 단순히 상대방이 제시한 주장에 대해 반박하는 것에 그치는 것이 아니라 상대방의 주장과 비교하여 자신의 주장이 우위에 있다는 점을 부각시켜야 한다. 이를 통해 자신의 입지를 공고히 하는 데 의의가 있다. 물론 모든 주장은 그 정당성이 분명하게 증명되었을 때, 강점이 있다.

반론을 글쓰기로 생각하면, 결론에 해당된다. 지금까지의 진술을 마무리한다는 의미이다. 그러므로 반론에서는 새로운 쟁점이 제시될 수 없다. 쟁점 제시는 입론에서만 가능하다. 그 이유는 반론은 마무리 단계이기 때문이다. 새롭게 제시되는 쟁점주장을 확인하고 검증하기에는 시간적으로 제한이 있다.

반론에서 이루어지는 찬반 양측의 진술활동을 살펴보면, 먼저 찬성측은 반론을 통해 입증의 부담을 덜어내야 한다. 반대측이 제시한 주장에서 드러난 문제점들을 종합하고 이를 자신의 주장과 비교분석한다. 이를 통해 반대측 주장의 취약점을 밝히고 자기주장의 강점을 강화함으로써 비교우위를 확보한다.

다음으로, 반대측은 반론을 통해 반증의 부담을 덜어내야 한다. 찬성측이 제시한 주장에서 드러난 문제점들을 종합하고 이를 자신의 주장과 면밀하게 비교분석한다. 이를 바탕으로 찬성측 주장의 약점을 찾아내고 자신의 주장을 강화해야 한다. 반대측의 반론은 찬성측보다 내용적으로 훨씬 광범위하다. 사례 반박과 사례외 반박이 모두 포함되기 때문이다. 그렇기 때문에 반대측 반론에서는 쟁점을 집중하는 강화전략이 요구된다.

정리하면, 정책토론에서 반론rebuttal은 '찬성과 반대 양측이 각기 자신의 주장을 최종적으로 강화하며 마무리하는 과정'이라고 할 수 있다. 입론—교차조사—반론으로 이루어진 정책토론의 과정에서 마지막 단계이다.

2. 반론의 구성

반론은 논점반박−비교분석−주장강화의 세 단계로 구성된다.

먼저, 논점반박의 단계다. 논점반박은 입론과 교차조사를 통해 상대방이 제기한 문제점에 대해 답변하고, 이를 통해 자기주장의 정당성을 방어하는 과정이다. 이때 중요한 전략이 탈락방지prevention of omission이다. 상대방이 지적한 논리적 오류, 허점, 약점 등에 대해 빠짐없이 답변하는 것이 중요하다. 최선의 방어가 최선의 공격이다.

다음으로, 비교분석의 단계다. 비교분석은 찬반 양측이 상대방이 제시한 쟁점별 주장의 취약점을 밝혀내고, 자신의 주장이 지닌 강점을 확인하는 과정이다. 특히 찬성측에서는 반대측이 제시한 사례와 주장에 대한 검토를 통해 논리적으로 가장 취약한 부분을 찾아내야 한다. 역으로 반대측에서는 찬성측이 제시한 사례 주장에 대한 검토를 통해 논리적으로 가장 취약한 부분을 찾아내야 한다. 이를 통해 자신의 주장이 지닌 강점을 도출해야 한다.

다음으로, 주장강화의 단계다. 주장강화는 위의 비교분석 결과에 기초하여 최종적으로 자신의 주장을 강화하는 과정이다. 주장강화에는 크게 두 가지 전략이 있다. 하나는 이삭줍기전략Win the drops!이다. 제기된 문제점들 가운데 상대방의 방어가 충분히 이루어지지 않은 부분을 집중적으로 부각시킴으로써 자신의 주장을 강화하는 전략이다. 상대방이 흘린 부분을 줍는 전략이다. 주로 양측의 첫 번째 반론단계에서 적용된다. 다른 하나는 입지확보전략Win the position! 이다. 비교분석의 결과 자신이 제시한 쟁점별 주장들 가운데 강점이 있는 부분을 집중적으로 부각시킴으로써 자신의 주장을 강화하고, 이를 통해 입지를 공고화하는 전략이다. 즉 이길 수 있는 부분을 확실하게 차지하는 전략이다. 주로 양측의 두 번째 반론단계에서 적용된다.

3. 찬반 양측의 반론전략

표11-1 에서 보듯이, 찬성측과 반대측은 각각 두 번의 반론기회를 갖는다. 반대측 반론이 먼저 제시되고 찬성측 반론이 가장 마지막 순서라는 점을 반영하여 반론전략을 반대측과 찬성측의 순서로 살펴본다.

〈표 11-1〉 교차조사식 토론의 진행표(반론)

순 서	구 분
1	찬성측 첫 번째 발언자 입론(찬1입)
2	반대측 두 번째 발언자 교차조사(반2교)
3	반대측 첫 번째 발언자 입론(반1입)
4	찬성측 첫 번째 발언자 교차조사(찬1교)
5	찬성측 두 번째 발언자 입론(찬2입)
6	반대측 첫 번째 발언자 교차조사(반1교)
7	반대측 두 번째 발언자 입론(반2입)
8	찬성측 두 번째 발언자 교차조사(찬2교)
9	반대측 첫 번째 발언자 반론(반1반)
10	찬성측 첫 번째 발언자 반론(찬1반)
11	반대측 두 번째 발언자 반론(반2반)
12	찬성측 두 번째 발언자 반론(찬2반)

1) 반대측 반론전략

반대측은 현상 유지자 혹은 논제의 반대자로서 앞서 기술한 바와 같이 반증의 부담을 갖는다. 다시 말해, 논제에 대한 반대주장을 증명해야 할 책임을 갖는다. 앞서 언급한 바와 같이, 반대측이 반증의 부담을 덜어내기 위해서는 크게 세 단계를 거쳐야 한다. 입론-교차조사-반론의 과정이다. 이 가운데 마지막 단계가 반론이다.

반론단계에서 반대측은 두 번의 반론기회를 갖는다. 그러므로 이에 대한 적절한 역할배분이 필요하다. 반대측 첫 번째 발언자 반론은 본반론main rebuttal, 두 번째 발언자 반론은 마무리반론closing rebuttal으로서의 역할을 담당한다. 각 단계별 전략을 정리하면, 다음과 같다.

(1) 반대측 첫 번째 발언자 반론(반1반)

반대측 첫 번째 발언자 반론(반1반)은 반론단계의 첫 번째 순서이며, 본반론이다. 반1반은 반대측 두 번째 발언자 입론(반2입)과 찬성측 두 번째 발언자 교차조사(찬2교)에 이어서 아홉 번째 순서에 이루어진다. 즉 반대측 블록negative block이 이어진다. 따라서 반1반에서는 반2입과는 구별되는 주장이 제시되어야 한다. 또한 다음 순서로 이어지는 찬성측 첫 번째 발언자 반론(찬1반)의 입지를 미리 제한하고 반대측 두 번째 발언자 반론(반2반)에서 이루어지는 마무리반론의 입지를 사전에 확보할 수 있는 전략이 준비되어야 한다. 주요 전략을 제시하면 다음과 같다.

첫째, **찬성측 공격 재방어하기다.** 반1반에서 우선적으로 고려해야 할 점은 탈락방지prevention of omission이다. 찬성측 두 번째 발언자 입론(찬2입)에서 제기된 반박에 대해서는 이미 반2입에서 방어가 이루어졌다. 하지만 여기서 미진한 부분과 찬성측 두 번째 발언자 교차조사(찬2교)에서 제기된 문제점에 대해 다시 한번 방어할 수 있어야 한다. 또한 반2입에서 반대논리 확장하기가 이루어졌다는 점을 고려하여 확장된 반대논리에 대한 재방어가 필요하다. 특히, 찬2교에서 반대측의 반론입지를 제한하기 위한 교차조사가 이루어졌다는 점에서 이에 대한 전략적 방어가 중요하다. 최선의 방어가 최선의 공격이라는 점을 명심해야 한다.

둘째, 찬성측 지지논리 집중공격하기 다. 반1반에서 또 다른 중요한 활동은 찬성측 주장이 지닌 취약점을 찾아내어 이를 집중적으로 공격하는 것이다. 필수쟁점인 변화의 필요성, 정책대안의 실효성, 기대효과에 대한 주장을 분석하고 찬성측 주장이 지닌 취약점을 찾아내야 한다. 주로 정책대안의 해결가능성에 초점이 놓인다. 그 이유는 정책토론의 궁극적 목적이 문제해결에 있기 때문이다. 반대측은 찬성측이 제시한 정책대안의 문제해결가능성과 실현가능성이 갖고 있는 문제점들을 명확하게 지적하고 이를 공격 포인트로 삼아야 한다. 이때 적용되는 전략이 이삭줍기전략Win the drops!이다. 만일 찬성측이 자기주장의 정당성을 충분히 방어하지 못했다면, 그 부분을 집중공격하는 전략을 말한다. 예를 들어 "앞서 제기한 바와 같이 케이블카 사업은 외부자본투자로 유발되는 누출효과leakage effect로 인해 지역경제에는 큰 도움이 되지 않는다는 문제제기에 대해 찬성측은 아직까지 명확한 답변을 제시하지 못하고 있습니다"와 같이 주장함으로써 찬성측이 놓치고 있는 부분에 대해 집중공격할 수 있어야 한다.

(2) 반대측 두 번째 발언자 반론(반2반)

반대측 두 번째 발언자 반론(반2반)은 반대측 반론단계의 두 번째 순서이며, 마무리반론이다. 찬성측 첫 번째 발언자 반론(찬1반)에 이어 열한 번째 순서에 이루어진다. 마지막 반론에서 반대측은 자신의 논리를 최종적으로 강화하고 마무리할 수 있어야 한다. 주요 전략을 정리하면 다음과 같다.

첫째, 반대논리 최종 강화하기다. 이제까지 전개된 토론내용을 총괄적으로 비교하고 반대측의 논리가 지닌 강점을 최종적으로 강화하는 과정이다. 먼저, 비교하기에서는 반대측 입장에서 찬반 양측의 주장을 총괄적으로 검토해야 한다. 이를 바탕으로 하여 자신의 논리가 지닌 강점을 도출하고 이를 최종적으로 강화해야 한다. 입지확보전략Win the position!의 적용이다. 반대측은 사례와 반박 가운데 비교우위가 확인된 요소를 찾아내어 이를 부각시켜야 한다. 소위 반박을 통한 입지확보전략이다. 일반적으로 사례와 반박 가운데 대체방안에 집중된다. 그 이유는 만일 대체방안이 제대로 부각되지 못한다면, 문제해결을 위한 대안은 없이 반대를 위한 반대만을 하고 있다는 지적을 받을 수 있기 때문이다. 또한 강점을 효과적으로 부각시키기 위해서는 순서 매기기numbering가 필요하다. 예를 들어 "국립공원에 케이블카를 설치하는 대신에 고랭지농업체험관광사업육성으로 문제를 해결할 수 있습니다. 첫째, 고랭지농업체험관광사업은 지역경제사업입니다. 둘째, 고랭지농업체험관광사업은 친환경사업입니다. 셋째, 고랭지농업체험관광사업은 새로운 방문수요에 대한 대응입니다"와 같이 대체방안의 문제해결가능성을 순서를 매겨 제시함으로써 반대논리를 최종적으로 강화할 수 있다.

둘째, 반대논리 마무리하기다. 반대측의 반대논리를 마무리하고 반대측 입지를 공고화하는 과정이다. 마무리 진술은 개괄하기와 종결하기로 구성된다. 개괄하기에서는 지금까지 제시된 주요 주장을 요약하여 제시해야 한다. "정리하자면…"과 같은 마무리 전환으로 시작된다. 반대측은 자신의 반대주장이 왜 중요한지를 간명하게 전달할 수 있어야 한다. 종결하기는 입론에서 제시된 도입부와의 연결을 통해 끝맺음하는 것이 중요하다. "우리는 토론을 시작하면서 찬성측 제안의 문제점을 크게 세 가지로 지적하였습니다.…"와 같이 도입부에서 지적했던 문제점을 상기시키면서 자신의 주장을 다시 한번 강조하며 마무리해야 한다. 특히, 청중의 지지를 얻기 위한 모든 설득기술이 작동되어야 한다. 마무리 진술을 간결하고 강한 메시지로 전달함으로써 로고스적 요소를 강화할 수 있어야 한다. 또한 상대방에 대한 예의, 토론절차에 대한 존중 등 토론자의 인격적 요소를 충분히 보여줌으로써 에토스적 요소를 강조해야 한다. 또한 파토스적 접근으로 청중과의 공감대를 확보할 수 있는 의미공유적 진술이 제시될 수 있어야 한다. 공감의 기술을 말한다. 특히 마지막 진술부분에서는 언어적 의사소통기술이 중요하다. 예를 들어 "국립공원은 자연이 준 귀중한 선물입니다. 우리 세대만이 이 선물을 향유할 수는 없습니다. 국립공원을 다음 세대를 위해 지속해서 보전해야 하는 것이 우리의 의무입니다"와 같이 '국립공원=선물'이라는 수사적 표현을 사용할 수 있다.

2) 찬성측 반론전략

찬성측은 논제의 제안자 혹은 지지자로서 앞서 기술한 바와 같이 입증의 부담을 갖는다. 다시 말해, 자신의 주장을 증명해야 할 책임을 갖는다. 찬성측이 입증의 부담을 덜기 위해서는 크게 세 가지 단계를 거쳐야 한다. '입론–교차조사–반론'의 과정이다.

반론단계에서 찬성측은 두 번의 반론기회를 갖는다. 그러므로 이에 대한 적절한 역할배분이 필요하다. 반대측과 마찬가지로, 찬성측 첫 번째 반론은 본반론main rebuttal, 두 번째 반론은 마무리반론closing rebuttal으로서의 역할을 담당한다. 각 단계별 전략을 정리하면 다음과 같다.

⑴ 찬성측 첫 번째 발언자 반론(찬1반)

찬성측 첫 번째 발언자 반론(찬1반)은 찬성측 반론단계의 첫 번째 순서이며, 본반론이다. 반대측 두 번째 발언자 입론(반2입)과 첫 번째 발언자 반론(반1반) 이후 열 번째 순서에 이루어진다. 반대측과 마찬가지로 찬성측 반론에서는 새로운 주장이 제시될 수 없으며, 입론에서 제기된 주장들에 대한 반박이 제기된다. 먼저, 찬1반에서는 앞서 반2입과 반1반으로 이루어진 반대측 블록에서 제기된 공격에 방어할 수 있어야 한다. 또한 반대측의 반대논리에서 방어에 가장 취약한 부분을 집중적으로 공격할 수 있어야 한다. 따라서 찬1반은 찬성측이 대응하는 가장 어려운 순서이다. 주요 전략을 살펴보면 다음과 같다.

첫째, 반대측 공격 총방어하기다. 찬1반에서 우선적으로 고려할 점은 반1반과 마찬가지로 탈락방지prevention of omission이다. 반2입과 반1반에서 제기된 공격에 대해 전면적으로 방어할 수 있어야 한다. 반대측 블록negative block에서 제기된 모든 문제점에 대한 철저한 방어가 필요하다. 특히 그중에서도 반1반에서 이루어진 집중공격에 대한 방어가 매우 중요하다. 반1반에서는 앞서 살펴본 바와 같이, 주로 찬성측이 제시한 정책대안의 문제해결가능성에 대한 문제점이 제기된다. 그 이유는 정책토론의 궁극적인 목적이 문제해결에 있기 때문이다. 또한 반대측은 이삭줍기전략을 통해 찬성측이 놓쳤던 부분을 공격한다. 이에 대응하여 찬성측의 전면적인 방어가 필요하다. 예를 들어 "앞서 반대측은 케이블카 사업의 관광누출효과에 대해 우리 팀의 충분한 답변이 없었다고 주장하였습니다. 하지만 우리 팀에서는 이미 찬2입에서 누출효과를 고려하더라도 지역경제에 기여하는 바가 크다는 점을 강조한 바 있습니다. 또한 지역주민투자펀드의 조성을 통해 외부누출을 사전에 막을 수 있는 추가적인 대응책도 제시하였습니다"와 같이 방어, 재방어의 순으로 반대측의 집중공격에 대해 전면적으로 방어할 수 있어야 한다.

둘째, 반대측 반대논리 집중공격하기다. 찬1반에서 또 다른 중요한 활동은 반대측 주장이 지닌 취약점을 찾아내어 이를 집중적으로 공격하는 것이다. 당연히 반대측이 제기한 사례외 반박이 대상

이 된다. 그 가운데서도 대체방안에 초점이 맞추어진다. 이때 적
용되는 전략이 이삭줍기전략Win the drops!이다. 반대측이 대체방안
에 대해 충분히 방어하지 못한 부분을 찾아내어 이를 집중공격해
야 한다. 대체방안은 반대측이 그 정당성을 스스로 입증해야 한다
는 점에서 가장 공격적이면서도 가장 취약한 요소라고 할 수 있다.
찬성측은 바로 이 점을 이용해야 한다. 대체방안에 대한 공격에서
고려해야 할 요소는 논제관련성이다. 만일, 대체방안이 논제와 관
련성이 있는 경우, 찬성측은 반대측이 제시한 대체방안을 자신의
정책대안으로 수용하는 정책대안의 변경alteration을 통해 반대측을
제압할 수 있다. 예를 들어 "반대측은 산악트레킹예약제도를 현안
문제를 해결할 대체방안으로 제시하고 있습니다. 이러한 예약제도
의 필요성에 대해서는 저희 팀도 동의합니다. 이를 반영하여 저희
팀은 케이블카와 함께 운영시스템을 더욱 발전시킬 수 있다고 생
각합니다"라고 주장함으로써 찬성측은 반대측의 대체방안을 정책
대안으로 수용하고 있다.

⑵ 찬성측 두 번째 발언자 반론(찬2반)

찬성측 두 번째 발언자 반론(찬2반)은 찬성측 반론단계의 두 번
째 순서이며, 마무리 반론이다. 반대측 두 번째 발언자 반론(반2
반)에 이어 열두 번째 순서에서 이루어진다. 전체 토론의 마지막
순서이다. 따라서 찬성측은 최신효과recency effect를 잘 활용할 수
있어야 한다. 최신효과는 가장 나중에 혹은 가장 최신에 제공된 정

보를 더 잘 기억하는 현상이다. 마지막 반론에서 찬성측은 자신의 논리를 최종적으로 강화하고 마무리할 수 있어야 한다. 주요 전략을 정리하면 다음과 같다.

첫째, 지지논리 최종 강화하기다. 이제까지 전개된 토론내용을 총괄적으로 비교하고, 찬성측의 논리가 지닌 강점을 최종적으로 강화하는 과정이다. 먼저, 비교하기에서는 찬성측 입장에서 찬반 양측의 주장을 총괄적으로 검토해야 한다. 이를 바탕으로 하여 자신의 논리가 지닌 강점을 도출하고 이를 최종적으로 강화해야 한다. 반대측과 마찬가지로 입지확보전략Win the position!이 적용된다. 찬성측은 사례 주장 가운데 비교우위가 확인된 요소를 찾아내어 이를 부각시켜야 한다. 변화의 필요성–정책대안의 실효성–기대효과의 관계에서 정책대안의 실효성이 주로 강점으로 제시된다. 소위 정책대안을 통한 입지확보전략이다. 그 이유는 찬성측 주장의 핵심은 역시 문제해결을 위한 정책대안의 제시에 있기 때문이다. 다른 요소들이 아무리 설득력이 있어도 정책대안의 실효성이 정당화되지 않으면 아무런 의미가 없기 때문이다. 예를 들어 "국립공원에 케이블카를 설치함으로써 우리는 지역경제의 문제와 국립공원의 문제를 동시에 해결할 수 있습니다. 첫째, 지역경제를 활성화할 수 있습니다. 둘째, 지속가능한 환경보전이 가능합니다. 셋째, 방문자에게 새로운 매력을 제공할 수 있습니다. 지역경제, 환경보전, 방문자 만족의 세 가지 목표를 달성할 수 있다는 기대가 있습니다"와 같이 정책대안의 실효성과 기대효과를 강조함으로써 찬성측 지지논리를 최종적으로 강화할 수 있다.

둘째, **지지논리 마무리하기**다. 찬성측의 지지논리를 마무리하고 자신의 입지를 공고화하는 과정이다. 마무리 진술은 개괄하기와 종결하기로 구성된다. 개괄하기에서 찬성측은 자신의 지지주장이 왜 중요한지를 간명하게 전달할 수 있어야 한다. 지금까지 제시된 주요 지지주장을 압축하여 제시해야 한다. 종결하기에서 찬성측은 입론에서 제시된 도입부와의 연결을 통해 끝맺음하는 것이 중요하다. 특히 변화의 필요성-정책대안의 실효성-기대효과의 핵심을 간결하게 부각시킬 수 있어야 한다. 마무리 진술에서는 청중의 지지를 얻기 위한 모든 설득기술이 작동되어야 한다. 마무리 진술을 간결하고 강한 메시지로 전달함으로써 로고스적 요소를 강화할 수 있어야 하며, 상대방에 대한 예의, 토론절차에 대한 존중 등 토론자의 인격적 요소를 충분히 보여줌으로써 에토스적 요소를 강조해야 한다. 또한 파토스적 접근으로 청중과의 공감대를 확보할 수 있는 의미공유적 진술이 제시될 수 있어야 한다. 특히 종결에서 찬성측은 문제해결을 통한 기대효과를 비전으로 제시할 수 있어야 한다. 예를 들어 "우리는 희망이 있습니다. 국립공원에 많은 국내외 방문객이 찾아와서 자연의 아름다움을 함께 감상하는 것입니다. 우리는 더 큰 희망을 갖습니다. 지역주민들과 함께 국립공원을 삶의 터전으로 향유하는 것입니다. 국립공원과 방문자 그리고 지역주민이 함께 만드는 미래를 생각합니다"와 같이 강조의 수사기술을 사용하여 청중과 비전을 공유할 수 있어야 한다.

정책토론과 커뮤니케이션

5부에서는 정책토론과 커뮤니케이션에 대해서 알아본다. 정책 토론은 커뮤니케이션으로 완성된다. 발언자는 단순히 주장을 제시하는 데 그치는 것이 아니라 제시된 주장이 커뮤니케이션 과정을 통해 청중에게 제대로 전달될 수 있도록 해야 한다. 그 러므로 성공적인 정책토론을 위해서는 커뮤니케이션기술과 청 중에 대한 이해가 반드시 요구된다. 5부에서는 먼저 커뮤니케 이션기술에 대해서 다루고, 이어서 커뮤니케이션과정의 마지막 단계인 청중과 심사에 대해서 살펴본다.

거버넌스 시대의
공공커뮤니케이션 정책토론

제12장

커뮤니케이션기술

이 장에서는 커뮤니케이션기술에 대해서 알아본다. 커뮤니케이션기술은 커뮤니케이션과정에서 발언자가 자기주장을 메시지로 표현하고 이를 청중에게 전달하는 기술이다. 청중의 지지를 얻기 위한 설득기술을 말한다. 그러므로 성공적인 정책토론을 위해서는 커뮤니케이션기술에 대한 이해가 반드시 요구된다. 이를 위해 이 장에서는 먼저 커뮤니케이션기술의 개념을 정의하고, 이어서 언어적 커뮤니케이션기술과 비언어적 커뮤니케이션기술에 대해 차례대로 살펴본다.

1. 커뮤니케이션기술의 개념

정책토론은 논리적 주장만으로 완성되지 않는다. 아무리 좋은 논리력을 갖추었다고 하더라도 그 메시지가 상대방은 물론 청중에게 제대로 전달될 수 있을 때, 정책토론은 비로소 완성된다. 다시 말해, 로고스뿐만 아니라 파토스와 에토스가 조화를 이루어야 한다.

앞서 수사학과 정책토론의 관계에서 논의한 바와 같이, 정책토론의 커뮤니케이션기술은 수사학을 바탕으로 한다. 수사학에서 제시되는 '화자-전언-청중'의 과정이 정책토론에서는 '발언자-메시지-채널-청중'의 과정으로 전환되어 구조화된다(그림12-1 참조). 즉 커뮤니케이션과정communication process을 말한다. 여기서 발언자speaker는 찬반 양측의 토론자이며, 메시지message는 주장을 전달하기에 적합하게 표현한 언어적 정보를 말한다. 또한 채널channel은 메시지를 전달하는 방법을 말한다. 음성과 동작이 주요 채널이 된다. 청중audience은 전달된 메시지를 받아들이는 최종적인 수용자다.

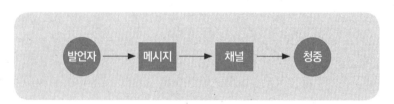

[그림 12-1] **정책토론의 커뮤니케이션과정**

이 과정에서 핵심적인 단계는 메시지와 채널이다. 메시지 단계에서는 주장을 말로 전달하기에 적합한 언어적 정보로 작성한다. 앞서 제5장에서 논의하였던 수사학에서 보면, 표현술에 해당된다. 이를 정책토론에서는 언어적 커뮤니케이션기술verbal communication skill이라고 한다.

다음으로, 채널 단계에서는 메시지를 청중에게 전달하는 방법이 선택된다. 정책토론에서는 발언자의 신체가 채널이 된다. 적합한 음성과 동작이 사용되어야 한다. 이를 비언어적 커뮤니케이션기술 nonverbal communication skill이라고 한다. 수사학에서 보면, 연기술에 해당된다. 채널을 통해 전달된 메시지를 청중은 청각과 시각을 통해 받아들인다.

정리하면, 정책토론에서 커뮤니케이션기술communication skill은 '발언자가 주장을 메시지로 표현하고 이를 음성과 동작을 통해 청중에게 전달하는 방법'이라고 할 수 있다. 수사학적 설득수단으로 볼 때, 주장하기에는 로고스가 적용되며 커뮤니케이션기술에는 파토스와 에토스가 적용된다.

2. 언어적 커뮤니케이션기술

언어적 커뮤니케이션기술은 주장을 메시지로 표현하는 방법이다. 제시된 주장을 의사소통에 적합한 언어적 정보로 만들어야 한다. 언어적 정보는 단어와 문장으로 구성된다. 이를 커뮤니케이션에 적합하게 표현하는 방법이 문체적 기술과 문채적 기술이다.

1) 문체적 기술

문체style는 글을 구성하는 특징적인 양식을 말한다. 이를 말에 적용하면, 말의 양식이 된다. 말을 어떻게 구성하고 특징을 표현하느냐에 관한 기술이다. 길이에 따라 간결체와 만연체가 되며, 느낌에 따라 강건체와 우유체가 된다. 또한 수식하는 방법에 따라 화려체와 건조체가 되며, 전체적인 구성에 따라 두괄식, 미괄식, 양괄식이 된다. 주요 문체적 기술을 정리하면 다음과 같다.

● KISS!

정책토론에서는 주로 간결체가 사용된다. 단순하게 표현하는 것을 강조하며, 이를 위해 단문적 표현이 활용된다. 이러한 기법을 약칭하여 KISSKeep it simple and stupid!라고 한다. 예를 들어 "국립공원은 사전적 의미로 국토의 대표적 경승지를 선정하여 국민의 보건·휴양 및 정서생활의 향상에 기여할 목적으로 국가가 지정 관리하는 공원을 말합니다"라고 정의하게 되면 구어적으로 전달되는 토론에서는 명확하게 그 의미가 전달되기 어려울 수 있다. 따라서 이를 단순화하는 전략이 필요하다. "앞서 국립공원의 법적 정의에서 본 바와 같이, 국립공원은 공공의 공간입니다. 자연보전, 탐방객의 이용, 그리고 지역주민의 삶이 어우러지는 곳입니다. 그리고 이 공간은 다음 세대 그리고 그다음 세대까지 보전하고 이용해야 할 우리의 자산입니다"와 같이 간단하고 명료하게 단문으로 메시지화하는 것이 필요하다. 간결체적 전달을 말한다.

● 두괄식과 양괄식이 강하다

정책토론에서는 말의 구성이 중요하다. 두괄식이나 양괄식이 미괄식보다 더욱 효과적이다. 두괄식은 말의 중심문장이 글의 구성에서 앞부분에 위치하는 방식이다. 양괄식은 중심문장이 앞부분과 뒷부분에 동시에 위치함으로써 두괄식보다 전달력이 더욱 강화된다. 예를 들어 "국립공원을 지키기 위해서는 무엇보다도 환경보전적 가치에 대한 인식이 강조됩니다. 지역경제를 살리는 문제도 중요하다는 데는 동의합니다. … 하지만 다시 한번 강조되어야 할 점은 국립공원을 지키기 위한 환경보전적 가치에 대한 국민의 인식입니다"라는 진술에서 볼 수 있듯이, 중심문장이 앞부분과 뒷부분에서 반복 진술되면서 강조되는 것을 볼 수 있다.

● 유머도 기술이다

정책토론에서는 어조도 중요하다. 어조tone는 말에 나타나는 전체적인 분위기를 말한다. 유머적 표현이 그중에 하나이다. 유머

humor는 사람들을 웃음 짓게 만드는 표현이다. 흥미로운 분위기를 만드는 방법이라고 할 수 있다. 청중의 관심과 집중을 모으기 위해서는 매우 필요한 기술이다. 화자가 적절한 유머를 통해 청중을 웃기게 되면 청중으로부터 쉽게 호감을 얻을 수 있다. 하지만 정책토론이라는 이성적인 대화에서 유머를 사용하는 것은 쉽지 않은 기술이다. 왜냐하면 유머를 누구나 재미있게 받아들이는 것은 아니기 때문이다. 그런 이유에서 강조되는 것이 공감적 유머다. 청중의 눈높이에 맞춘 유머를 말한다. 여기서 미국의 16대 대통령 링컨의 유명한 일화를 들어보자. 링컨 대통령과 한 야당의원이 설전을 벌였다. 야당의원이 "당신은 이중인격자입니다. 당신의 주장은 그때그때 다릅니다. 당신은 두 얼굴을 가진 사람입니다"라고 하자, 링컨 대통령은 "내가 정말 당신이 말한 것과 같이 두 얼굴을 가지고 있다면, 내가 왜 지금 이러한 얼굴을 하고 있겠습니까?"라고 답변하면서 분위기를 바꿀 수 있었다. 유머는 이처럼 어려운 상황을 재미있게 극복할 수 있는 기술임이 분명하다. 하지만 자칫 잘못 사용하면 오히려 역효과를 가져올 수 있다는 점에 유의해야 한다.

2) 문채적 기술

문채figure는 글을 수려하게 장식하는 방법이다. 즉 수사법Rhetoric을 말한다. 이를 말에 적용하면 말의 장식이 된다. 의미전이에 대한 기술이나 문장구조에 대한 기술 등이 여기에 해당된다. 의미전이 기술에는 직유법, 은유법, 활유법, 의인법, 풍유법, 대유법 등의 비유법이 포함된다. 문장구조 기술에는 변화법(생략법, 도치법, 문답법, 반어법, 설의법 등)과 강조법(과장법, 대조법, 점층법, 반복법 등)이 포함된다. 주요 문채적 기술을 정리하면 다음과 같다.

● 비유의 기술

정책토론에서는 많은 전문용어가 사용된다. 하지만 전문용어를 일반인들이 이해하기는 쉽지 않다. 이를 해결하기 위해 비유법이 사용된다. 비유법 가운데 직유법은 추상적 의미의 용어를 구체적인 대상에 직접 비유하여 표현하는 방법이다. ~처럼, ~같이 등의 표현이 여기에 해당된다. 예를 들어 "경제적 누출효과leakage effect가 클 수밖에 없습니다. 외부투자로 인해 경제적 이익이 모두 외부로 빠져나가게 됩니다. 이는 마치 밑 빠진 독처럼 피할 수 없는 현상입니다"라는 주장에서 직유법의 사용을 볼 수 있다. 또 다른 예로, "국립공원은 유리상자입니다. 겉으로는 단단해 보여도 조금만 부주의해도 깨지기 쉽습니다"라는 주장에서 은유법이 사용된 것을 볼 수 있다. 추상적 개념이 구체적인 대상에 빗대어 표현되면서 이해의 폭이 넓어지는 것을 알 수 있다.

● 강조의 기술

정책토론에서 자신의 주장을 강화하기 위한 표현기술이 강조법이다. 구어적 의사소통에서 자칫 큰 소리로 말하는 것을 강조법이라고 생각할 수 있다. 틀린 말은 아니다. 하지만 큰 소리로 말하면 자칫 감정 통제를 못하는 것으로 오해받기 쉽다. 그런 이유에서 큰 소리로 말하기보다는 반복법이나 점층법 등으로 표현을 강조하는 것이 좋다. 예를 한번 들어보자. "국립공원은 우리의 자연이고, 우리의 자산이며, 우리의 미래입니다. 그러므로 우리 세대는 국립공원을 지금 이대로 지켜서 다음 세대에 넘겨줄 수 있어야 합니다.…"라는 주장에서 반복법을 통한 강조의 기술을 볼 수 있다.

3. 비언어적 커뮤니케이션기술

비언어적 커뮤니케이션기술은 메시지를 신체를 통해 전달하는 기술이다. 신체가 곧 채널이다. 대표적인 채널이 음성과 동작이다. 메시지가 음성이나 동작을 통해 청중의 청각과 시각으로 전달된다.

1) 음성

음성voice은 목소리를 말한다. 목소리를 제대로 내기 위해 가장 중요한 것이 호흡과 발음이다. 이를 살펴보면 다음과 같다.

● 호흡

발언자가 목소리로 메시지를 전달하기 위해서는 적절한 호흡이 필요하다. 호흡breathing은 숨쉬기를 말한다. 숨쉬기는 말의 속도와 관련이 있다. 발언자가 너무 빠른 속도로 말해서 상대방이 이해하기 어렵게 만드는 경우가 있으며, 이와는 반대로 너무 느린 속도로 말해서 소통에 어려움을 주는 경우가 있다. 이 두 경우 모두 올바른 말하기 방법은 아니다. 말하기 속도에서 한국어의 경우는 1분에 100단어 내외가 표준이다. 토론 준비과정에서 말하기 속도를 점검해 볼 필요가 있다. 특히 말하기 속도를 조절하기 위해 강조되는 것이 적절한 호흡이다. 적절한 호흡으로 말하기의 속도와 성량을 조절할 수 있어야 한다.

● 발음

말하기에서 중요한 것이 역시 발음pronunciation이다. 발음이 분명하지 않으면 정확한 소통을 기대하기는 어렵다. 명확한 발음을 결정하는 요소에는 자음, 모음, 강세, 리듬 등이 있다. 이러한 요소들이 제대로 사용될 때 발음은 명확해진다. 발음에서 중요한 기준은 표준어standard language이다. 표준발음이 표준어에 근거를 두고 있기 때문이다. 또한 발음 훈련에서 강조되는 것은 조음기관을 활성화하는 것이다. 조음기관은 음성을 내는 혀, 입술 등을 말하는데, 혀의 위치와 움직임, 입술의 모양 등이 명확한 발음을 내는 데 중요한 역할을 한다.

2) 동작

동작motion은 음성이 아닌 다른 신체기관을 통해 메시지를 전달하는 행위를 말한다. 동작이 생각을 전달하는 또 다른 의미의 언어라는 점에서 신체언어body language라고도 한다. 동작이 음성을 통한 전달을 보충하는 경우도 있으나, 음성적 언어로는 표현할 수 없는 것을 보여줄 수도 있다는 점에서 중요한 커뮤니케이션기술에 해당된다. 예를 들어 우리는 보통 상대방의 동작을 보고 그 사람의 교양 정도를 파악하기도 하고, 상대방의 얼굴 표정을 보고 그 사람의 감정상태를 평가하기도 한다. 구체적인 동작으로는 제스처, 얼굴 표정 등을 들 수 있다. 때로는 그 범위가 복장, 화장, 장식 등으로까지 확대된다.

● 제스처

제스처gesture는 손, 팔, 어깨, 목 등 신체기관의 동작을 통하여 메시지를 전달하는 행위이다. 이를 몸짓이라고도 한다. 제스처에는 크게 세 가지 유형이 있다. 첫째, 적응적 제스처이다. 적응적 제스처는 환경변화에 대처하기 위해 표현되는 학습된 신체적 반응행위를 말한다. 초조함을 느낄 때 손바닥을 비비는 행위, 애매하다고 생각될 때 머리를 긁적거리는 행위, 거짓말을 할 때 코를 만지는 행위 등을 들 수 있다. 물론 문화마다 또한 사람마다 이러한 반응행위는 각기 다를 수 있다. 정책토론에서 이러한 적응적 행위는 상대방에게 자신이 숨기고 싶은 약점을 그대로 드러낼 수 있기 때문에 삼가야 한다. 둘째, 상징적 제스처이다. 상징적 제스처는 언어를 대신하여 의미를 전달하는 신체적 행위를 말한다. 옳다고 표현하기 위해 손가락으로 동그라미를 만들어 표시하는 행위, 최고라는 뜻을 표현하기 위해 엄지손가락을 세우는 행위, 사랑을 표현하기 위해 손가락이나 팔로 하트를 만들어 보이는 행위, 기원을 표현하기 위해 두 손을 모으는 행위 등을 들 수 있다. 물론 이러한 상징적 행위가 문화권마다 다르게 해석될 수 있다는 점에 유의해야 한다. 셋째, 설명적 제스처이다. 설명적 제스처는 언어의 의미를 더욱 명확하게 전달하기 위해 표현하는 신체적 행위를 말한다. 언어적 표현과 함께 사용된다는 점에서 상징적 제스처와 차이가 있다. 격려한다는 말과 함께 어깨를 두드리는 행위, 반갑다는 말과 함께 악수를 하는 행위, 고맙다는 말과 함께 목례를 하는 행위 등을 들 수 있다. 물론, 이러한 설명적 행위도 자칫 과도하게 사용되면 오히려 진지하지 않아 보일 수 있다는 점에 유의할 필요가 있다.

• 얼굴 표정

얼굴 표정facial expression은 얼굴 동작을 통하여 메시지를 전달하는 행위를 말한다. 인간의 표정은 행복, 기쁨, 만족, 놀람, 불만, 분노 등 다양한 감정을 나타낸다. 표정을 만드는 데는 얼굴 근육의 동작이 큰 역할을 한다. 특히 입 주위나 눈 주위의 근육을 움직여 다양한 표정을 짓는다. 인간의 표정은 유전적인 요인도 있으나 후천적인 학습의 결과로 나타나기 때문에 자연스러운 표정 만들기를 위한 훈련과 연습이 필요하다. 하지만 억지로 만들어내는 가식적인 표정은 오히려 역효과를 가져올 수 있다. 가령, '이 사람은 거짓 웃음을 짓고 있구나' 하고 상대방이 생각하게 만들 수 있기 때문이다. 정책토론에서 흔히 볼 수 있는 것이 상대방의 발언에 얼굴이 붉어지고 불만스러운 표정을 짓는 경우이다. 물론, 좋은 평가를 받기는 어렵다. 정책토론에서는 이성적이면서도 동시에 상대방과 공감하는 표정을 짓는 것이 청중 설득을 위해서 필요하다.

제13장

청중과 심사

이 장에서는 청중과 심사에 대해서 알아본다. 청중은 커뮤니케이션과정에서 마지막 단계에 해당된다. 청중은 찬반 양측의 주장을 듣고 지지여부를 판단하는 최종적인 의사결정자다. 그러므로 성공적인 정책토론을 위해서는 청중에 대한 이해가 반드시 필요하다. 이를 위해 이 장에서는 먼저 청중의 개념을 정의하고, 청중이 갖는 판단의 부담에 대해서 정리해 본다. 이어서 아카데믹 토론에서 이루어지는 심사에 대해서 살펴본다.

1. 청중의 개념

정책토론에서 청중은 토론과정에 참여하지 않는다. 정책토론에서 청중은 자신의 주장을 제시하는 찬반 양측의 토론자와는 달리 토론자들의 주장을 듣고 지지여부를 판단하는 역할을 담당한다.

한마디로, 경청을 통한 간접적인 토론 참여다(그림13-1 참조).

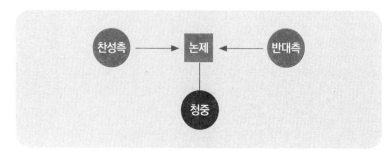

[그림 13-1] **정책토론의 구조**

청중의 형태는 정책토론의 유형에 따라 달라진다. 앞서 '제1부 정책토론의 기초'에서 살펴본 바와 같이, 응용토론에는 TV정책토론, 공청회, 정치토론 등이 있으며, 아카데믹 토론에는 교차조사식 토론, 칼 포퍼식 토론, 의회식 토론 등이 있다. 이러한 정책토론의 형태에 따라 청중의 유형이 달라진다.

먼저, TV정책토론의 경우 청중은 시청자이다. 물론, 프로그램의 형식에 따라 방청객이 있는 경우도 있으나, TV토론은 역시 대중매체를 통해 이루어지는 정책토론이라는 점에서 시청자라는 공중이 청중이 된다. 또 다른 예로, 공청회의 경우 청중은 공청회에 참석한 방청인이다. 하지만 공론의 장에서 이루어지는 토론이라는 점에서 정책에 영향을 받는 일반국민으로 그 범위가 확대된다. 정치토론의 경우, 청중은 유권자이다. 정치토론은 선거입후보자들이 토론자로 참여한다. 이들의 주장을 듣고 지지여부를 판단하는 유권자가 청중이 된다.

한편, 아카데믹 토론의 경우 청중은 존재하지 않는다. 심사자가 청중을 대신한다. 토론대회의 운영방식에 따라 참관객이 있을 수 있으나 이들이 청중은 아니다.

정리하면, 청중audience은 '논제에 대해 찬성과 반대 양측이 제시한 주장을 듣고 이에 대한 지지여부를 판단하는 최종적인 의사결정자'이다.

2. 판단의 부담

정책토론에서 청중은 판단의 부담burden of judgement을 갖는다. 다시 말해, 정책토론에서 청중은 찬반 양측의 주장을 듣고 이를 평가하고 판단해야 할 책임이 있다. 앞서 '제3부 정책토론의 구조'에서 보았듯이, 찬성측이 입증의 부담을 가지며, 반대측은 반증의 부담을 갖는다. 이와 달리, 청중은 판단의 부담을 갖는다(그림13-2 참조).

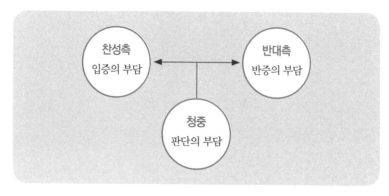

[그림 13-2] **정책토론의 부담 구조**

청중이 판단의 부담을 덜기 위해서는 경청listening의 과정을 거쳐야 한다. 경청은 단지 듣기hearing만 하는 것과는 다르다. 경청은 청중이 찬반 양측이 전달하는 메시지를 듣고 이를 평가하고 판단하는 커뮤니케이션의 한 과정을 말한다. 경청에는 크게 네 가지 유형이 있다. 감상적 경청, 공감적 경청, 이해적 경청, 비판적 경청이 그것이다. 청중은 이러한 경청의 과정을 통해 판단의 부담을 덜어내야 한다. 경청의 유형별로 그 특징을 정리하면 다음과 같다.

첫째, 감상적 경청appreciative listening이다. 감상적 경청은 토론자가 분위기를 얼마나 지루하지 않고 흥미롭게 만들며 자신의 주장을 전달하는지를 평가하는 듣기의 유형이다. 정책토론에서 청중은 이러한 감상적 경청을 통해 토론자가 어떻게 청중의 호감을 얻는지를 평가하고 판단한다.

둘째, 공감적 경청empathetic listening이다. 공감적 경청은 토론자가 언어적 의사소통 및 비언어적 의사소통기술을 통해 청중의 감정에 적절하게 호소하는지를 평가하는 듣기의 유형이다. 정책토론에서 청중은 이러한 공감적 경청을 통해 토론자가 얼마나 청중과 공감대를 형성하는지를 평가하고 판단한다.

셋째, 이해적 경청comprehensive listening이다. 이해적 경청은 토론자가 논제에 대하여 충분한 지식을 가지고 전달하는지를 평가하는 듣기의 유형이다. 정책토론에서 청중은 이러한 이해적 경청을 통해 토론자가 논제에 대해 얼마나 정확하게 파악하고 이를 청중과 공유하는지를 평가하고 판단한다.

넷째, 비판적 경청critical listening이다. 비판적 경청은 토론자가 제시하는 주장에 대해 대립하는 입장에서 주장의 모순을 밝혀내고 이에 대해 반박하는 논리를 생각하며 평가하는 듣기의 유형이다. 정책토론에서 청중은 비판적 경청을 통해 토론자가 제시하는 주장의 옳고 그름을 논리적으로 평가하고 판단한다.

정리하면, 청중은 판단의 부담을 가지며, 경청의 과정을 통해 판단의 부담을 덜어낸다. 참고로, 정책토론에서 발언자가 청중에 맞추어 자신의 주장을 전달하는 커뮤니케이션기술을 청중적응audience adaptation이라고 한다.

3. 심사

아카데믹 토론에서는 심사자가 청중의 역할을 수행한다. 심사자가 청중을 대신하여 찬반 양측이 얼마나 논리적으로 자기주장의 정당성을 제시하였는지, 또한 주장을 전달하는 데 있어 얼마나 커뮤니케이션기술을 잘 적용하였는지를 평가하는 역할을 담당한다.

일반적으로 심사자는 정책토론의 논제와 관련된 전문가들과 토론 교육전문가들로 구성된다. 논제와 관련된 전문가들은 정책전문가로서 특정 영역의 정책문제에 대한 전문지식을 갖고 있는 연구자, 학자, 관료, 정치인, 언론인 등으로 구성된다. 토론 교육전문가는 커뮤니케이션학이나 언어학 및 논리학 관련 전문가들로 구성된다.

아카데믹 토론에서 심사evaluation는 찬반 양측의 토론 성과를 평가하여 승패를 결정하는 과정을 말한다. 토론의 형식에 따라 혹은 토론대회의 규정에 따라 평가항목이나 배점이 각기 다르다.

일반적으로 적용되는 평가표를 살펴보면, 표13-1 에서 보는 바와 같이 크게 두 부분으로 구분된다. 하나는 논리적 요소에 대한 평가이고, 다른 하나는 기본적 요소에 대한 평가이다. 논리적 요소에 대한 평가는 입론, 교차조사, 반론을 통해 제시되는 찬성과 반대 양측의 주장하기에 대한 평가이다. 로고스적 요소에 대한 평가에 해당된다. 기본적 요소에 대한 평가는 토론자가 주장을 전달하는 커뮤니케이션기술과 토론자의 전반적인 토론태도에 대한 평가이다. 파토스적 요소와 에토스적 요소에 대한 평가에 해당된다.

먼저, 논리적 요소에 대한 평가를 구체적으로 살펴보면, 입론에서는 개념정의, 쟁점제시, 주장 구성이 세부 평가요소로 포함된다. 개념정의에서는 논제에 포함된 주요 용어들이 얼마나 적정하게 규정되었는지를 평가한다. 쟁점제시에서는 논제와 관련된 사례 및 사례외 쟁점들이 적절하게 제시되었는지를 평가한다. 찬성측에 대해서는 사례 주장에, 반대측에 대해서는 사례외 주장에 각각 초점이 맞추어진다. 주장구성에서는 주장의 논리적 정당성을 평가하는 항목으로 쟁점별 주장을 구성하는 단언과 이를 뒷받침하는 증거와 추론이 얼마나 적합하게 제시되었는지를 평가한다.

교차조사는 입론에서 제시된 주장의 내용을 확인하고 검증하는 과정이다. 세부 평가요소로는 질문하기와 답변하기가 포함된다. 질문하기에서는 찬반 양측이 질문을 통해 상대방 주장의 논리적 오류, 허점, 약점 등을 얼마나 적절하게 점검하였는지가 평가의 기준이 된다. 대답하기에서는 찬반 양측이 상대방의 질문에 대해 얼마나 적절하게 답변하였는지가 평가의 기준이 된다.

다음으로, 반론에 대한 세부 평가요소로는 논점반박, 비교분석, 주장강화가 포함된다. 논점반박에서는 상대방이 제기한 쟁점 주장에 대한 반박이 얼마나 적합하게 이루어졌는지가 평가의 기준이 된다. 비교분석에서는 상대방의 주장과 비교하여 자신의 주장이 우위에 있다는 것을 얼마나 적절하게 제시하였는지가 평가의 기준이 된다. 주장강화에서는 자신이 이길 수 있는 핵심적인 주장을 얼마나 적절하게 부각시키고 자신의 입지를 강화하였는지가 평가의 기준이 된다.

다음으로, 기본적 요소에 대한 평가를 살펴보면, 세부 평가요소로 커뮤니케이션기술과 전반적인 토론태도가 포함된다. 먼저 커뮤니케이션기술에서는 언어적 커뮤니케이션기술과 비언어적 커뮤니케이션기술에 대한 부분이 평가된다. 수사적 표현의 적정성, 발음의 명확성, 제스처 및 얼굴 표정의 적절성 등이 구체적인 평가의 기준이 된다. 전반적인 토론태도에서는 토론자의 기본적인 자세가 평가된다. 토론 순서 및 시간 그리고 규칙을 잘 지켰는지, 같은 팀 내 파트너와의 협력은 잘 이루어졌는지, 상대방에 대한 예의는 제대로 갖추었는지 등이 평가의 기준이 된다. 파토스적 요소와 에토스적 요소에 대한 판단이 이 같은 기본적 요소에 대한 평가를 통해 이루어진다.

〈표 13-1〉 교차조사식 토론 심사평가표(예시)

구 분	세부 평가요소	찬성1	찬성2	반대1	반대2
논리적 요소					
입론 (30점)	개념정의 (논제에 포함된 주요 용어들은 적정하게 규정되었 는가?) 쟁점제시 (논제와 관련된 쟁점들은 적절하게 제시되었는가?) 주장구성 (쟁점별 주장을 구성하는 단언과 이를 뒷받침하는 증거와 추론은 적합하게 제시되었는가?)				
교차조사 (20점)	질문하기 (상대방 주장에 대해 적절하게 질문하였는가?) 대답하기 (상대방의 질문에 대해 적절하게 답변하였는가?)				
반론 (30점)	논점반박 (상대방이 제기한 쟁점 주장에 대한 반박이 적합하게 이루어졌는가?) 비교분석 (상대방의 주장과의 비교분석이 적절하게 이루어졌 는가?) 주장강화 (자신의 핵심적인 주장을 적절하게 부각시켜 강화하 였는가?)				
기본적 요소					
(20점)	커뮤니케이션기술 (수사적 표현, 발음, 제스처, 얼굴 표정 등) 전반적인 토론태도 (토론절차의 이행, 파트너와의 팀워크, 상대방에 대한 예의 등)				
총점 (100점)					

정책토론과
커뮤니케이션

거버넌스 시대의
공공커뮤니케이션 정책토론

강태완 · 김태용 · 이상철 · 허경호(2001). 『토론의 방법』. 서울: 커뮤니케이 션북스.

김복순(2012). 『Debate의 전략』. 서울: 보고사.

박삼열(2011). 『토론과 수사학』. 경기: 한국학술정보.

백미숙(2014). 『토론』. 서울: 커뮤니케이션북스.

서정혁(2015). 『논증』. 서울: 커뮤니케이션북스.

이두원(2005). 『논쟁: 입장과 시각의 설득』. 서울: 커뮤니케이션북스.

이두원(2014). 『정책토론의 정석』. 서울: 커뮤니케이션북스.

이상철 · 백미숙 · 정현숙(2006). 『스피치와 토론』. 서울: 성균관대학교출판부.

이연택(2003). 『이연택 교수의 토론의 기술』. 서울: 21세기북스.

이연택(2016). 『관광정책학』(제2판). 경기: 백산출판사.

이정옥(2008). 『토론의 전략』. 서울: 문학과지성사.

케빈 리(2013). 『디베이트 입문편』. 서울: 한겨레출판.

하우석(2005). 『발표의 기술』. 서울: 한국경제신문.

한상철(2006). 『토론』. 서울: 커뮤니케이션북스.

Brookfield, S. D., & Preskil, S.(2005). *Discussion as a way of teaching: Tools and techniques for democratic classrooms*. 『토론: 수업 을 위한 도구와 기법』(이지헌 · 이정화 · 김선 · 김희봉 역(2008). 서울: 학이당).

Dye, T.(2007). *Understanding public policy*(12th ed.). Englewood Cliffs: Prentice-Hall.

Emory National Debate Institute(2005). *Policy debate manual*. 『정책토론의

방법』(허경호 역(2005). 서울: 커뮤니케이션북스).

Freeley, A., & Steinberg, D. L.(2013). *Argumentation and debate: Critical thinking for reasoned decision making*(13th ed.). CA: Wadsworth Publishing.

Grimaldi, W. M. A.(1980). *Aristotle rhetoric Ⅰ: A commentary*. NY: Fordham University Press.

Hannan, J., Berkman, B., & Meadows, C.(2012). *Introduction to public forum and congressional debate*. NY: International Debate Education Association.

Herrick, J. A.(2012). *History and theory of rhetoric: An introduction*(5th ed.). NY: Routledge.

Knapp, M., Hall, J. A., & Horgan, T. G.(2014). *Nonverbal communication in human interaction*(8th ed.). Boston, MA: Cengage Learning.

Lasswell, H. D.(1948). The structure and function of communication in society. *The Communication of Ideas*. 37: 215-228.

Lucas, S.(2011). *The art of public speaking*(11th ed.). NY: McGraw-Hill Education.

McQuail, D.(2000). *McQuail's mass communication theory*(4th ed.). London: Sage.

Minto, B.(1996). *The Minto pyramid principle*. 『바바라 민토 논리의 기술』(이진원 역(2004). 서울: 더난출판).

Perelman, C.(1990). *The realm of rhetoric*. IN: University of Notre Dame Press.

Ryan, E. E.(1984). *Aristotle's theory of rhetorical argumentation*. Montreéal: Bellarmin Editions.

Sather, T.(1999). *Pros and cons*. 『찬성과 반대』(김내은 외 역(2008). 서울: 굿인포메이션).

Schopenhauer, A.(1983). *Die Kunst, Recht zu behalten*. 『토론과 논쟁의 전략 · 전술 38가지』(이재원 역(2011). 서울: 사랑의학교).

Sheckels, T. F.(1984). *Debating: Applied rhetorical theory*. NY: Longman.

Snider, A.(2008). *A code of the debater: Introduction to the way of reason*. NY: International Debate Education Association.

Snider, A., & Schnurer, M.(2006). *Many sides: Debate across the curriculum*. NY: International Debate Education Association.

Tarver, H.(2006). *Debate-able*. NC: Lulu.

Toulmin, S.(1958). *The use of argument*. Cambridge: Cambridge University Press.

Ulrich, W.(1986). *Judging academic debate*. IL: National Textbook.

Weiss, R. O.(1995). *Public argument*. NY: University Press of America.

Weston, A.(2000). *A rulebook for arguments*(3rd ed.). MA: Hackett Pub Co. Inc.

Williams, J. M., & Colomb, G. G.(2006). *The craft of argument*(3rd ed.). London: Pearson.

Wiskup, M.(2007). *The it factor: Be the one people like, listen to, and remember*. TN: AMACOM.

Wood, R. V., & Goodnight, L.(1995). *Strategic debate*(5th ed.). IL: National Textbook.

ㄱ

가치논제 | value topic

가치판단과 관련하여 논쟁이 이루어지는 문제다. 가치는 어떠한 대상
이 지니고 있는 올바름, 바람직성, 정당성 등을 말한다. 가치판단은 '옳
다 혹은 그르다'right or wrong를 평가하는 것이 논의의 핵심이다.

개념 | concept

어떠한 대상의 공통된 속성을 반영하여 그 의미를 추상화하는 사고작
용이다. 즉 어떠한 대상에 대한 생각을 말한다. 개념을 언어적으로 표
현한 것을 용어라고 하며, 문법적으로는 명사에 해당된다.

거버넌스 | governance

민관협력을 기반으로 하는 정부의 국정운영방식이다. 정부가 단독으
로 정책을 결정하고 집행하는 전통적인 정부운영방식과 달리 이익집
단, 시민단체 등이 참여하여 사회문제를 공동으로 해결하는 협력적 통
치방식이라고 할 수 있다. 그런 의미에서 거버넌스를 협치로 번역하기
도 한다.

경청 | listening

청중이 찬반 양측이 전달하는 메시지를 듣고 이를 평가하고 판단하는 커뮤니케이션의 한 과정이다. 단지 듣기hearing만 하는 것과는 다르다. 경청에는 감상적 경청, 공감적 경청, 이해적 경청, 비판적 경청 등이 있다.

공공성 | publicness

개인이나 집단이 아닌 일반 사회 전체에 영향을 미치거나 이해관계가 있는 성질이다. 주요 속성으로는 사회구성원의 참여성, 사회문제의 관여성, 사회문제해결의 공개성 등이 포함된다.

공공커뮤니케이션 | public communication

개별적 상대방이 아닌 집단적 공중을 대상으로 이루어지는 의사소통 활동이다. 공중public은 특정한 문제에 관심을 갖고 있는 다수의 사회 구성원들을 말한다. 토론, 연설, 강연 등이 공공커뮤니케이션의 형태이다.

공청회 | public hearing

정책현안문제를 논제로 하고 정책대안을 지지하는 측과 반대하는 측의 전문가들이 참석하여 정책대상집단의 지지를 얻기 위해 각자 자기 주장을 제시하는 정책토론의 형태이다. 공청회에는 정책현안문제와 관련된 이해관계자들이 주로 참석하며, 진행과정에서 방청인들에게 발언권이나 질문권이 주어지기도 한다.

관광누출효과 | tourism leakage effect

관광으로 발생하는 수입이 국가 및 지역경제 밖으로 빠져나가는 현상이다. 줄여서, 누출효과라고도 한다. 외부인력, 외부자본, 외부생산 등으로 인하여 외부로 지출되는 비용이 클수록 누출효과가 커진다. 이에 따라 정부 및 지방정부는 이를 줄이기 위한 경제대책을 마련하고 있다.

교차조사 | cross-examination

찬성과 반대 양측이 입론에서 상대방이 제시한 주장의 모순을 질문을 통해 확인하고 검증하는 과정이다. 입론–교차조사–반론으로 이루어진 정책과정에서 두 번째 단계이다.

교차조사권 | cross-examination right

교차조사에서 질문자가 교차조사 진행의 주도권을 가지며, 상대방의 답변활동을 통제할 수 있는 권리이다. 교차조사에서는 상대방 주장의 모순을 밝히기 위해 질문형 진술이 이루어진다.

교차조사식 토론 | CEDA Debate

발언자가 찬반 양측으로 나뉘어 입론, 교차조사, 반론의 세 단계를 거쳐 토론이 진행되며 이 가운데 교차조사가 강화된 토론모형이다. 교차조사식 토론은 미국 교차조사식토론협회CEDA에 의해 개발되었으며,

동 협회의 명칭을 따라 명명되었다. 합리적 토론형식을 특징으로 한다.

귀납적 추론 | inductive inference

개별적인 명제들로부터 일반명제를 도출하는 사유방식이다. 일반명제에서 출발하는 연역적 추론과는 반대되는 방식이다.

근거 | ground

논증에서 주장claim의 정당성을 증명하기 위해 사실적 관계를 제시하는 논리적 진술요소이다. 근거는 자료, 정보, 사례 등을 제시하는 명제를 말한다. 연역적 추론에서 소전제에 해당된다.

기본쟁점 | basic issue

모든 논제유형에서 공통으로 다루어지는 쟁점이다. 대표적인 예가 개념정의다.

기억술 | memoria

수사적 기술 가운데 준비된 전언을 기억하는 기술이다. 교양인이 갖추어야 할 기본적인 조건으로 간주된다.

ㄴ

논거 | warrant

논증에서 주장claim의 정당성을 증명하기 위해 합리적 이유를 제시하는 논리적 진술요소이다. 논거는 근거와 주장 사이에서 매개적 역할을 한다. 일반화된 이론, 법칙, 원칙 등을 제시하는 명제를 말한다. 연역적 추론에서 대전제에 해당한다.

논거발견술 | inventio

수사적 기술 가운데 자신의 주장을 뒷받침하는 논거를 밝혀내는 기술이다. 논거의 발견에서 화자의 관점, 청중의 관점, 전언의 관점이 중요하다.

논거배열술 | disposio

수사적 기술 가운데 논거를 구성하는 기술이다. 크게 머리말, 진술부, 논증부, 맺음말의 네 단계로 제시된다.

논거보강 | backing

논증에서 논거의 신뢰성을 강화하는 보충적 진술요소이다. 권위, 명성, 지지 등 논거의 입지를 강화하는 명제들이 여기에 해당된다.

논리학 | Logic

인간의 사유 활동에 대한 기본원리를 연구하는 학문이다. 한마디로 사유에 대한 학문이라고 할 수 있다. 논리학에는 형식논리학, 변증법적 논리학 등이 있다.

논쟁 | argument

발언자가 일정한 규칙 없이 서로 자기주장을 제시하는 비절차적 커뮤니케이션 행위이다. 마치 말싸움을 하듯이 다투는 갈등적 말하기라는 특징이 있다.

논제 | topic

특정한 사회문제에 대해 찬반 양측 간에 경쟁적 논의가 이루어지는 중심적인 문제다. 논제는 다른 말로 의제agenda라고도 한다.

논증 | argumentation

주장하기에서 자신의 의견을 정당화하기 위해 이를 뒷받침하는 전제를 제시하는 논리적 진술방식'이라고 할 수 있다. 여기서 자신의 의견은 결론적 명제를 말한다.

논증모형 | argumentation model

영국의 철학자 툴민Toulmin에 의해 제안된 논증의 과정모형이다. 그는 논증의 요소를 크게 근거, 논거, 주장으로 구성하였으며, 이들을 단계적 과정으로 연결하여 제시하였다. 또한 보충적 요소로 논거보강, 요건, 단서 등을 추가로 포함하였다.

ㄷ

단서 | reservation

논증에서 주장claim의 확실성을 강화하는 보충적 진술요소이다. 주장에 덧붙여서 예외적인 조건을 미리 제시할 수 있다.

단언 | assertion

정책토론에서 발언자가 자신의 의견을 결론적으로 제시하는 논리적 진술요소이다. 단언은 명제, 즉 문장의 형태로 진술된다. 논증에서는 주장claim에 해당된다.

답변하기 | answering

교차조사 단계에서 찬반 양측이 상대방이 제시하는 질문형식의 공격에 답변을 통해 방어하는 방법이다. 질문자가 교차조사권을 가지고 있기 때문에 답변자가 전략적으로 방어하는 데는 제한이 있다.

대안논제 | policy alternative topic

정책대안의 시행여부와 관련하여 논쟁이 이루어지는 문제다. 대안논제는 '해야 한다 혹은 하지 말아야 한다'should do or not를 결정하는 것이 논의의 핵심이다.

대체방안 | counterplan

찬성측이 제시하는 정책대안을 대신하여 다른 방안을 제시함으로써 찬성측 주장을 반박하는 반대측의 쟁점이다. 찬성측 주장에 대한 반박이 아닌 반대측이 제시하는 고유의 쟁점이다. 대체방안은 찬성측이 제시하는 정책대안과 충돌할 수 있어야 한다.

동작 | motion

음성이 아닌 다른 신체기관을 통해 메시지를 전달하는 행위다. 동작이 생각을 전달하는 또 다른 의미의 언어라는 점에서 신체언어body language라고도 한다.

로고스 | logos

설득의 기본요소로 화자가 전달하는 논리적 요소이다. 화자가 자신의 주장을 정당화하는 기본적인 기술을 말한다.

로드맵 | road map

입론에서 찬반 양측이 다룰 논점을 미리 간략하게 소개하는 과정이다. 입론의 도입부에서 적용된다. 이를 통해 이후 발표할 내용에 대한 청중의 사유공간을 사전에 확보할 수 있다.

마무리반론 | closing rebuttal

찬성과 반대 양측이 제시하는 반론과정에서 두 번째 단계다. 마무리반론에서는 찬성과 반대 양측이 자신의 논리를 최종적으로 강화하고 마무리하는 과정이 이루어진다.

문채 | figure

글을 수려하게 장식하는 방법이다. 이를 말에 적용하면, 말의 장식이 된다. 의미전이 기술에는 직유법, 은유법, 활유법, 의인법, 풍유법, 대유법 등의 비유법이 포함된다. 문장구조 기술에는 변화법(생략법, 도치법, 문답법, 반어법, 설의법 등)과 강조법(과장법, 대조법, 점층법, 반복법 등)이 포함된다.

문체 | style

글을 구성하는 특징적인 양식이다. 이를 말에 적용하면, 말의 양식이 된다. 말을 어떻게 구성하고 특징을 표현하느냐에 관한 기술이다. 길이에 따라 간결체와 만연체가 되며, 느낌에 따라 강건체와 우유체가 된다. 또한 수식하는 방법에 따라 화려체와 건조체가 되며, 전체적인 구성에 따라 두괄식, 미괄식, 양괄식이 된다.

반대측 블록 | negative block

교차조사식 토론에서 반대측에 부여된 연속적인 발언 기회이다. 반대측에게 집중적인 발언 기회가 주어지는 대신에 찬성측에게 마지막 순서가 제공된다. 이를 통해 찬반 양측 간의 균형이 맞추어진다.

반대측 | negative side

주어진 논제에 대해 반대하는 주장을 제시하며 이를 정당화하기 위해 경쟁적으로 논의하는 자를 의미한다. 참고로, 원어 'negative'의 의미를 그대로 살려 부정측으로 번역하기도 한다.

반론 | rebuttal

찬성과 반대 양측이 각기 자신의 주장을 최종적으로 강화하며 마무리하는 과정이다. 입론-교차조사-반론으로 이루어진 정책토론의 과정에서 마지막 단계이다.

반명제 | antithese

반의 단계에서 정명제가 지닌 모순이 드러난 상태에서 이에 대립되어 제시된 명제이다. 정-반-합의 과정에서 두 번째 단계이다.

반박전략 | rebuttal strategy

반대측이 반증의 부담을 덜기 위해 반대주장을 제시하는 활동이다. 찬성측의 사례구축에 대립되는 전략이다. 반박전략에는 사례 반박과 사례외 반박이 포함된다.

반증의 부담 | burden of disproof

반대측이 논제에 대하여 반대주장을 제시하고 그 정당성을 증명할 책임이다. 찬성측과 마찬가지로, 반대측은 반대주장을 증명하기 위해서는 올바른 단언과 이를 뒷받침하는 적절한 추론과 증거를 제시해야 한다. 한마디로, 반대논리의 제시이다.

방향유인하기 | direction leading

교차조사에서 영역설정하기에서 열어놓은 내용적 범위로부터 구체적인 문제로 유인해 가는 질문전략이다. 일명 몰아넣기 전략이다.

변경 | alteration

반대측이 제시한 대체방안을 자신의 정책대안으로 수용함으로써 반대측 반박에 방어하는 찬성측의 전략이다. 그러므로 반대측 대체방안은 찬성측 정책대안과 대립되는 다른 영역의 대책이어야 한다.

변증법 | Dialectic

모순과 대립의 원리에 기초하여 정-반-합의 세 단계를 거쳐 최종적인 명제를 도출하는 사유방식이다. 정의 단계는 정명제가 정립된 상태이며, 반의 단계는 정명제에 대립되는 반명제가 제기된 상태이다. 합의 단계는 정명제와 반명제가 결합되어 최종적인 합명제가 정립된 상태이다.

변증법적 논리학 | Dialectic Logic

모순과 대립의 원리에 바탕을 둔 사유 활동을 연구하는 논리학이다. 19세기 초 독일의 철학자 헤겔에 의해 인식논리학으로 정립되었다. 변증법에서는 정-반-합 3단계의 사유방식이 제시된다.

보충입론 | supplementary constructive

찬성과 반대 양측이 제시하는 입론과정에서 두 번째 입론단계이다. 입론과정에서 찬성과 반대 양측은 두 번의 입론 기회를 갖는다. 보충입론에서는 상대방의 반박에 대해 충분히 방어하고 이를 역공격할 수 있어야 한다. 역공격은 자기논리의 확장으로 이어진다.

본반론 | main rebuttal

찬성과 반대 양측이 제시하는 반론과정에서 첫 번째 단계다. 본반론에서 상대방의 공격에 대한 재방어와 상대방의 논리에 대한 집중공격이 이루어진다.

본입론 | main constructive

찬성과 반대 양측이 제시하는 입론과정에서 첫 번째 입론단계이다. 입론과정에서 찬성과 반대 양측은 두 번의 입론 기회를 갖는다. 본입론에서는 양측의 쟁점별 주장이 총괄적으로 제시된다.

불이익 | disadvantages

찬성측이 제시하는 정책대안의 효과가 부정적이라는 주장을 제시함으로써 찬성측 주장을 반박하는 반대측의 쟁점이다. 찬성측 주장에 대한 반박이 아닌 반대측이 제시하는 고유의 쟁점이다. 연결과 영향력을 기준으로 쟁점 주장이 제시된다.

비언어적 커뮤니케이션기술 | nonverbal communication skill

신체를 통해 메시지를 전달하는 기술이다. 신체가 채널이 되며, 대표적인 채널이 음성과 동작이다. 메시지가 음성이나 동작을 통해 청중의 청각과 시각으로 전달된다.

비판 | critiques

찬성측 주장이 내포하는 기본전제에 대해 반박하는 반대측의 쟁점이다. 찬성측 주장에 대한 반박이 아닌 반대측이 제시하는 고유의 쟁점이다. 이때 기본전제는 가치나 이념 등을 말한다.

비판적 사고 | critical thinking

비판정신에 기초를 둔 합리적 사유형태이다. 20세기 영국 철학자 칼 포퍼의 비판적 합리주의critical rationalism에 기초한다.

비판적 합리주의 | critical rationalism

비판정신에 기초하여 반증주의의 원리를 통해 합리적 지식에 도달할 수 있다는 과학철학적 입장이다. 영국의 철학자 칼 포퍼에 의해 주창되었다.

사례 반박 | on-case rebuttal

반대측이 사례구축을 통해 찬성측이 제시한 주장을 반박하는 전략이다. 사례 주장을 직접 공격한다는 의미에서 이를 직접반박이라고도 한다.

사례구축 | case building

찬성측이 자기주장의 정당성을 증명하기 위해 쟁점별 주장을 구성하는 활동이다. 찬성측이 입증의 부담을 덜기 위한 기본전략으로 제시된다. 여기서 사례case는 '쟁점별 주장들의 조합'을 말한다.

사례외 반박 | off-case rebuttal

사례구축을 통해 찬성측이 제시한 주장에 대한 반박이 아닌 고유의 쟁점 주장을 제시하는 반대측의 전략이다. 찬성측이 제시하는 사례 주장을 직접 반박하는 것이 아니라, 그 외의 쟁점들을 제시함으로써 반박한다는 의미에서 이를 간접반박이라고도 한다.

사실논제 | fact topic

사실관계 확인과 관련하여 논쟁이 이루어지는 문제다. '맞다 혹은 틀리다'true or false를 판단하는 것이 논의의 핵심이다.

삼단논법 | syllogism

대전제-소전제-결론의 세 단계를 거쳐 최종적인 판단(결론)에 도달하는 사유방식이다. 대전제는 법칙이나 이론과 같이 이미 알려진 일반명제이며, 소전제는 사실적 근거를 제공하는 특정명제이다.

생략삼단논법 | enthymeme

입증과정에서 논리적 진술요소들이 단계적으로 전개되지 않고 부분적으로 생략되는 진술방식이다. 진술할 때, 증거나 추론 그리고 심지어 단언까지 생략되는 경우가 있다.

수사학 | Rhetoric

설득을 위한 전반적인 커뮤니케이션기술에 관한 학문이다. 한마디로, 설득기술에 관한 학문이다.

심사 | evaluation

아카데믹 토론에서 심사자가 찬반 양측의 토론 성과를 평가하여 승패를 결정하는 과정이다. 토론의 형식에 따라 혹은 토론대회의 규정에 따라 평가항목이나 배점이 각기 다르다.

아카데믹 토론 | academic debate

정책토론을 학습하기 위한 목적으로 이루어지는 엄격한 형식을 갖춘 토론형태이다. 각종 토론대회에서 이루어지는 정책토론들이 아카데믹 토론에 해당된다. 교차조사식 토론CEDA Debate, 칼 포퍼식 토론Karl Popper Debate, 의회식 토론Parliamentary Debate이 대표적인 예이다.

악마의 증명 | Devil's Proof

어떠한 사실이 참인 것을 증명하기 위해 참이 아닌 것을 증명하는 행위이다. 이 용어는 중세시대 유럽의 법정에서 유래되었다. 현실적으로 악마가 없다는 사실을 증명하는 것은 불가능하다. 대신에 악마가 있다는 것을 증명하기는 쉽다. 그 이유는 악마를 단 한번이라도 만난다면 악마가 있다는 것이 증명될 수 있기 때문이다.

언어적 커뮤니케이션기술 | verbal communication skill

주장을 메시지로 표현하는 방법이다. 제시된 주장을 커뮤니케이션에 적합한 언어적 정보로 만드는 과정이다. 언어적 정보는 단어와 문장으로 구성되며, 이를 커뮤니케이션에 적합하게 표현하는 방법이 문체적 기술과 문채적 기술이다.

얼굴 표정 | facial expression

얼굴 동작을 통하여 메시지를 전달하는 행위이다. 인간의 얼굴 표정은 행복, 기쁨, 만족, 놀람, 불만, 분노 등 다양한 감정을 나타낸다.

에토스 | ethos

설득의 기본 요소로 화자가 지녀야 할 인격적 요소이다. 화자가 갖추어야 할 권위, 지식, 신뢰 등을 말한다.

역할전환 | role conversion

반대측이 단순히 찬성측의 주장을 반박하는 것에 그치는 것이 아니라 대체방안을 제시함으로써 그 정당성을 증명해야 할 책임이 찬성측으로부터 반대측으로 전환되는 과정이다.

연결전환 | link turn

반대측이 불이익을 쟁점으로 제시하기 위하여 찬성측이 제시한 연결 관계를 바꾸는 방법이다. 찬성측이 제시한 '정책대안-기대효과'의 연결관계를 '정책대안-불이익'으로 연결을 전환하여 찬성측의 주장을 반박한다.

연기술 | actio

수사적 기술 가운데 전언의 의미를 행위로 표현하는 기술이다. 크게 음성과 몸짓이 포함된다.

연역적 추론 | deductive inference

일반적인 판단(명제)으로부터 특정한 판단(명제)을 도출하는 사유방식이다. 우리에게 잘 알려진 삼단논법이 연역적 추론의 전형적인 예이다.

영역설정하기 | zone setting

교차조사에서 상대방의 논리적 오류, 허점, 약점 등을 밝히기 위해 질문의 영역을 설정하기 위한 질문전략이다. 기본적인 질문전략이라고 할 수 있다.

영향력전환 | impact turn

반대측이 불이익을 쟁점으로 제시하기 위하여 찬성측이 제시한 영향력의 방향을 바꾸는 방법이다. 예를 들어, 찬성측이 제시한 '담뱃값 인상-담배소비지출 감소'의 관계를 '담뱃값 인상-담배소비지출 증가'의 관계로 전환하여 찬성측의 주장을 반박한다.

오류 | fallacy

정책토론에서 입증의 형식이나 내용에서 발생하는 이치에 맞지 않는 진술행위를 의미한다. 사전적으로는 '그릇되어 이치에 맞지 않는 일' 혹은 '참이 아닌 것을 참으로 주장하는 것'으로 규정된다.

요건 | qualifiers

논증에서 주장claim의 확실성을 강화하는 보충적 진술요소이다. 주장에 덧붙여서 확실성의 범위를 미리 제시할 수 있다. 확실성은 어떠한 사건이 분명히 일어날 가능성을 말한다.

웅변 | oratory

발언자가 청중을 대상으로 자기주장을 제시하는 일방향적 커뮤니케이션 행위이다. 고대 그리스시대에 발달한 말하기 방법으로 주로 선동적 표현이 사용된다는 점에 특징이 있다.

응용토론 | applied debate

아카데믹 토론의 기본 형식을 적용하여 실제 현장에서 이루어지는 토론형태이다. 대표적인 예로 TV정책토론, 공청회, 정치토론 등을 들 수 있다.

의견충돌 | opinion clash

발언자가 제시하는 의견이 서로 엇갈리며 일치하지 않는 상태이다. 서로 간에 의견충돌이 발생할 때, 상대방을 설득하기 위한 토론이 이루어진다.

의회식 토론 | Parliamentary Debate

발언자가 찬반 양측으로 나뉘어 입론과 반론의 두 단계를 거쳐 토론이 진행되며 이 가운데 입론이 강화된 토론모형이다. 의회의 전통적인 토론절차가 반영되었으며, 미국의회토론협회American Parliamentary Debate Association에 의해 개발되었다. 정치적 토론형식을 특징으로 한다.

이삭줍기전략 | Win the drops!

제기된 문제점들 가운데 상대방의 방어가 충분하게 이루어지지 않은 부분을 집중적으로 부각시킴으로써 자신의 주장을 강화하는 전략이다. 상대방이 흘린 부분을 줍는 전략이다. 주로 양측의 첫 번째 반론단계에서 적용된다.

이의제기권 | POI: Point of Information

의회식 토론에서 발언자가 입론을 제시하는 중에 상대방이 문제를 제기할 수 있는 권리이다. 상대방의 입론시간 내에 'On that point!'라고 구호를 외치며 이의제기권을 요구할 수 있다. 이의제기권의 수락여부는 입론 발언자가 갖는다.

입론 | constructive

주어진 논제에 대하여 찬성과 반대 양측이 자신의 입장으로 표명하고 각기 자신의 주장을 제시하는 과정이다. 입론-교차조사-반론으로 이루어진 정책토론의 과정에서 첫 번째 단계이다.

입증 | proof

정책토론에서 발언자가 자신의 의견을 정당화하기 위해 이를 뒷받침하는 전제를 제시하는 논리적 진술방식이다. 입증은 곧 증거-추론-단언의 단계적 과정이다. 이러한 입증의 단계적 과정을 도식화한 것이 입증모형proof model이다.

입증모형 | proof model

정책토론에서 사용되는 입증의 과정모형이다. 툴민의 논증모형을 적용하여 증거-추론-단언의 단계적 과정으로 제시된다. 입증모형에서는 논증모형에서의 주장이 단언으로, 논거는 추론으로, 근거가 증거로 용어교체가 이루어진다.

입증의 부담 | burden of proof

찬성측이 논제에 대하여 지지주장을 제시하고, 그 정당성을 논리적으로 증명해야 할 책임이다. 자신의 주장이 정당하다는 것을 증명하기 위해서는 올바른 단언과 이를 뒷받침하는 적절한 증거와 추론이 제시되어야 한다. 한마디로, 지지논리의 제시이다.

입지확보전략 | Win the position!

상대방의 주장과 비교하여 자신이 제시한 주장의 강점을 확인하고 이를 집중적으로 부각시킴으로써 자신의 주장을 강화하는 전략이다. 즉 이기는 부분을 차지하는 전략이다. 주로 양측의 두 번째 반론단계에서 적용된다.

쟁점 | issue

논제와 관련하여 경쟁적 논의가 이루어지는 문제이다. 달리 말해, 논쟁거리라고 할 수 있다. 논제는 여러 가지 쟁점을 포함한다.

정명제 | thesis

정의 단계에서 진리로 정립된 상태의 명제이다. 엄밀하게 말해, 정명제는 모순을 포함하고 있으나, 아직은 드러나지 않은 상태이다. 정-반-합의 과정에서 첫 번째 단계이다.

정의 | definition

개념을 언어적으로 표현한 것을 용어라고 하며, 그 용어의 의미를 규정하는 진술을 말한다. 정의는 내포적 속성과 외연적 범위를 기준으로 한다. 예를 들어, '인간은 사회적 동물이다'라는 정의에는 인간은 '사회적'이라는 속성과 '동물'이라는 외연적 범위가 포함되어 있다.

정책 | policy

사회문제를 해결하기 위해 정부가 선택한 행동이다. 산출적 관점에서 볼 때, 정책은 법률, 조치, 계획, 사업 등 일련의 정부활동을 포함한다.

정책토론 | policy debate

특정한 사회문제에 대하여 발언자가 찬성과 반대 양측으로 나뉘어 절차에 따라 경쟁적으로 자기주장을 제시함으로써 청중의 지지를 확보하기 위한 커뮤니케이션 행위이다. 한마디로, 정책토론은 공공커뮤니케이션이라는 특징을 지닌다.

정치토론 | political debate

선거를 목적으로 입후보자 간에 이루어지는 정책토론의 형태이다. 비교적 엄격한 형식이 적용된다. 정치토론의 진행 과정에서 입후보자 외에 전문가들이 참여하여 발언권이나 질문권을 갖기도 한다.

제3종 오류 | type 3 error

문제인식이 잘못되어서 발생하는 오류이다. 문제인식이 잘못되면 아무리 올바른 정책대안이 제시된다고 해도 문제해결에 실패할 수밖에 없다.

제스처 | gesture

손, 팔, 어깨, 목 등 신체기관의 동작을 통하여 메시지를 전달하는 행위이다. 이를 몸짓이라고도 한다. 제스처의 유형에는 적응적 제스처, 상징적 제스처, 설명적 제스처 등이 있다.

주장 | argument ①

정책토론에서 자신의 의견을 전달하는 단언, 추론, 증거 등으로 구성된 진술요소들의 조합이다. 논증에서 제시되는 주장claim은 단언에 해당된다.

주장 | claim ②

논증에서 자신의 의견을 결론적으로 진술하는 논리적 진술요소이다. 주장은 연역적 추론에서 결론에 해당된다. 토론의 입증모형에서는 이를 단언assertion이라고 한다.

증거 | evidence

정책토론에서 단언의 정당성을 증명하기 위해 사실적 관계를 제시하는 논리적 진술요소이다. 자료, 정보, 사례 등이 증거로 사용된다. 논증에서 근거에 해당된다.

질문하기 | asking

교차조사 단계에서 찬반 양측이 상대방의 주장을 질문형식으로 공격하는 방법이다. 질문자는 교차조사권을 가지며, 이를 통해 상대방의 답변활동을 통제할 수 있다.

ㅊ

찬성측 | affirmative side

주어진 논제에 대하여 지지하는 주장을 제시하며 이를 정당화하기 위해 경쟁적으로 논의하는 자를 의미한다. 참고로, 원어 'affirmative'의 의미를 그대로 살려 긍정측으로 번역하기도 한다.

철학 | Philosophy

인간과 세계에 대한 근본적인 문제를 성찰적으로 탐구하는 학문이다. 영어의 'philosophy'란 말은 그리스어의 'philosophia'에서 유래하였다. 'philo'는 '사랑하다'라는 뜻이고, 'sophia'는 '지혜'라는 뜻이다. 철학의 하위분과로는 존재론, 인식론, 가치론, 논리학 등이 있다.

청중 | audience

정책토론에서 찬반 양측의 주장을 듣고 그들의 주장에 대한 지지여부를 판단하는 의사결정자이다. 청중은 토론과정에 실제로 참여하지는 않는다. 그런 의미에서 '보이지 않는 토론자'invisible debater라고 한다.

청중적응 | audience adaptation

정책토론에서 발언자가 청중에 맞추어 자신의 주장을 전달하는 커뮤니케이션기술이다. 청중은 정책토론의 형태에 따라 달라진다. 물론, 아카데믹 토론에서는 심사자가 청중을 대신한다.

초두효과 | primacy effect

먼저 제시된 정보가 나중에 제시된 정보보다 더욱 강력한 영향력을 미치는 현상이다. 달리 말해, 첫인상이라고도 할 수 있다.

최신효과 | recency effect

가장 나중에 혹은 가장 최신에 제공된 정보를 더 잘 기억하는 현상이다. 찬성측 두 번째 발언자의 반론이 전체 토론의 마지막 순서에 이루어진다. 그러므로 찬성측은 이러한 최신효과를 잘 활용할 수 있어야 한다.

추론 | inference ①

이미 알려진 판단(명제)에 근거하여 다른 판단(명제)을 도출하는 사고작용이다. 추론에는 연역적 추론과 귀납적 추론이 있다.

추론 | reasoning ②

정책토론에서 단언의 정당성을 증명하기 위해 합리적 이유를 제시하는 논리적 진술요소이다. 이론, 법칙, 원칙 등이 여기에 해당된다. 논증에서 논거에 해당된다.

충돌유도하기 | conflict causing

교차조사에서 유도질문을 통해 상대방이 자기주장의 모순을 스스로 인정하게 만드는 전략이다. 일명 충돌시키기 전략이다.

칼 포퍼식 토론 | Karl Popper Debate

발언자가 찬반 양측으로 나뉘어 입론, 질문, 반론의 세 단계를 거쳐 토론이 진행되며 이 가운데 반론이 강화된 토론모형이다. 영국 철학자 칼 포퍼의 비판적 합리주의에 기초하여 미국 열린사회연구소Open Society Institute에 의해 개발되었다. 비판적 토론형식을 특징으로 한다.

커뮤니케이션 | communication

서로 의견을 교환하는 총체적인 의사소통활동이다. 의견을 말이나 글로 표현하는 언어적 요소뿐만 아니라 동작이나 표정으로 전달하는 비언어적 요소를 사용하여 커뮤니케이션이 이루어진다.

커뮤니케이션과정 | communication process

정책토론에서 발언자로부터 청중에게 주장이 전달되는 일련의 과정이다. 발언자speaker—메시지message—채널channel—청중audience의 과정으로 설명된다. 여기서 발언자는 찬반 양측의 토론자이며, 메시지는 주장을 전달하는 데 적합하게 표현한 언어적 정보를 말한다. 또한 채널은 메시지를 전달하는 방법을 말한다. 음성과 동작이 주요 채널이 된다. 청중은 전달된 메시지를 받아들이는 최종적인 수용자다.

커뮤니케이션기술 | communication skill

정책토론에서 발언자가 주장을 메시지로 표현하고 이를 음성과 동작을 통해 청중에게 전달하는 방법이다. 수사학적 설득수단으로 볼 때,

주장하기에는 로고스가 적용되며 커뮤니케이션기술에는 파토스와 에토스가 적용된다. 커뮤니케이션기술에는 언어적 커뮤니케이션기술과 비언어적 커뮤니케이션기술이 포함된다.

탈락방지 | prevention of omission

상대방이 제기한 논리적 오류, 허점, 약점 등에 대해 빠짐없이 답변하는 방어 전략이다. 최선의 방어가 최선의 공격이라고 할 수 있다.

토론 | debate

발언자가 찬성과 반대 양측으로 나뉘어 상대방을 설득하기 위해 절차에 따라 경쟁적으로 자기주장을 제시하는 커뮤니케이션 행위이다. 토론은 말하기의 한 유형으로 경쟁적, 절차적, 쌍방향적 커뮤니케이션 행위라는 특징을 지닌다.

토론형식 | debate format

정책토론의 다양한 진행 요소들을 총괄하는 기본적인 양식이다. 정책토론의 구조, 구성, 절차 등이 포함된다. 정책토론의 형식은 교차조사식 토론, 칼 포퍼식 토론, 의회식 토론 등의 아카데믹 토론을 기본 모형으로 하여 제시된다.

토의 | discussion

발언자가 서로 자기주장을 제시하며 함께 문제를 풀어가는 협력적 커뮤니케이션 행위이다. 일상에서 흔히 볼 수 있는 가족회의, 직장회의, 학생회의 등이 토의형식으로 이루어진다.

TV정책토론 | TV policy debate

TV를 통해 이루어지는 정책토론의 형태이다. TV뿐만 아니라 라디오, 신문, 잡지 등 다양한 대중매체를 통해 정책토론이 이루어지고 있으며, 최근에는 온라인 매체를 통한 정책토론이 활성화되고 있다.

ㅍ

파토스 | pathos

설득의 기본 요소로 화자가 지녀야 할 공감적 요소이다. 화자가 청중의 정념과 공감할 수 있는 기본적인 기술을 말한다.

판단 | judgement

어떠한 대상을 인식하고 판정하는 사유작용이다. 판단을 언어적으로 표현한 것을 명제라고 하며, 문법적으로는 문장에 해당된다.

판단의 부담 | burden of judgement

정책토론에서 청중이 찬반 양측의 주장을 듣고 이를 평가하고 판단해야 할 책임이다. 찬성측은 입증의 부담을 가지며, 반대측은 반증의 부담을 갖는다. 이와 달리, 청중은 판단의 부담을 갖는다.

표현술 | elucutio

수사적 기술 가운데 전언을 설득력 있게 표현하는 기술이다. 표현술은 공감의 기술이라고 할 수 있다.

필수쟁점 | stock issue

대안논제와 관련하여 경쟁적 논의가 이루어지는 핵심적인 쟁점들이다. 개념정의, 변화의 필요성, 정책대안의 실효성, 기대효과 등이 포함된다.

합명제 | synthese

합의 단계에서 정명제와 반명제가 종합된 상태의 명제이다. 정–반–합의 과정에서 세 번째 단계이다. 이 과정이 반복되면서 궁극적인 진리에 도달한다.

형식논리학 | Formal Logic

전통적인 논리학으로 체계적인 사유활동을 연구하는 논리학이다. 형식논리학은 사유의 내용보다는 사유의 형식에 주목한다. 개념, 판단, 추론을 기본적인 사고단위로 한다.

저자 소개

이 연 택

저자는 문화관광부 산하 한국관광연구원 원장, OECD 관광위원회 부의장, 한국 UNESCO 문화분과위원, 한국방송광고공사 사외이사 등을 역임하였다. 정책방송채널인 KTV의 시사토론 프로그램을 다년간 진행하였으며, KBS 라디오에서 시사프로그램을 진행한 바 있다. 또한 전국고교생토론대회 심사위원장, 한양대학교 주최 고교생토론대회 집행위원장 등을 역임하였다. 관련 도서로 『이연택 교수의 토론의 기술』을 집필하였다. 저자는 현재 한양대학교 사회과학대학 관광학부 교수로 재직하고 있으며, 미국 조지워싱턴대학교에서 관광학 연구로 박사학위를 받았다. 대학에서는 관광정책이론 및 사회과학철학을 연구하고 있으며, 관광정책론, 관광정책거버넌스론, 관광정책커뮤니케이션론 등을 강의하고 있다.

정책토론: 거버넌스 시대의 공공커뮤니케이션

2018년 5월 25일 초판 1쇄 인쇄
2018년 5월 30일 초판 1쇄 발행

지은이 이연택
펴낸이 진욱상
펴낸곳 ㈜백산출판사
교 정 성인숙
본문디자인 박채린
표지디자인 오정은

저자와의
합의하에
인지첩부
생략

등 록 2017년 5월 29일 제406-2017-000058호
주 소 경기도 파주시 회동길 370(백산빌딩 3층)
전 화 02-914-1621(代)
팩 스 031-955-9911
이메일 edit@ibaeksan.kr
홈페이지 www.ibaeksan.kr

ISBN 979-11-88892-49-5 03350
값 16,000원